岩波現代文庫／学術 223

理療法序説

〈心〉コレクション Ⅳ

河合隼雄
河合俊雄［編］

岩波書店

はじめに

本書は心理療法に関するものであるが、どのような意図をもって、どのような立場に立って書くのかを最初に明らかにしておくのがよいと思われるので、その点について述べることにする。

本書は長年にわたる筆者の心理療法の実際経験を基礎として書かれている。しかし、その経験そのものを詳しく述べるのではなく、心理療法の経験を積みながら、常に考えさせられてきた、「心理療法とは何か」という本質的な問いにかかわる考えに焦点をおいて書かれている。心理療法を行なっていると、極めて実際的に、たとえば、この人はほんとうに自殺する気があるのか、それに対してどう対処するのか、ということに追われる一方、心理療法は人間にとってどんな意味があるのか、どんな価値があるのか、という極めて本質的な疑問にさらされ、それは簡単な解答を許さぬものがある。

そのような疑問に答えようと努力してきたことをここに記すのであるが、それを「序説」と名づけたのは、まさにこれが「はじまり」であり、この後どのように発展してゆくのか、まだまだわからない、という気持が強いためである。あるいはこの「序説」がひとつの契機となり、読者の一人一人が自分の心理療法観をつくりあげる動きを起こすことにでもなれば、幸いと思うからである。

一九五二年に京都大学の数学科を卒業したときは、一生の間高校の教師をすると決心していたので、その仕事に専念した。すぐに生徒たちが「相談」にくるようになったが、その頃は、ただ単純に素人の熱意や善意によって対していたが、それが危険なものであるし、非力なものである、という自覚もあったので、より「科学的」な方法を身につけて、生徒たちの役に立ちたいと思った。

そのような考えから、京都大学教育学部で臨床心理学を学び、その後、フルブライト奨学生としてＵＣＬＡに留学し、続いてスイスのチューリッヒのユング研究所で訓練を受け、一九六五年にユング派分析家の資格を取得した。その後帰国して、心理療法の「専門家」としての自覚をもって仕事を続けてきた。

ここに言う「専門家」とは何を意味するかについては本文中にも論じるが、単に知識や技術を身につけている、ということでは表現し難いものがあることを、まず断っておかねばならない。心理療法は自分のもっている知識や技術を他に「適用」できる、というものではない、と考えているので、その専門性については、よく吟味してみる必要があると思うのである。こんな基本的なことでも論じはじめると切りがないと感じさせられるのが、心理療法の特徴であり、本書を「序説」と名づける所以もそんなところにあると言うことができる。

心理療法の科学性ということは、筆者にとって大きい課題であった。もともと理学部の出身ということもあって、自然科学には関心が強く、若いときは御多分に洩れず、科学こそが信頼し得るもの、といった考えが強かったので余計にこの点にこだわり続けてきたのである。心理療法を実際に行なっていると、驚くような効果をあげることがあるので、そのように効果があがるというだけで信頼したり、「科学的である」と思ったりする人もあるが、筆者はそれに満足できなかった。また、心理学の科学性について(実験心理学も含めて)、相当に確信をもって保証する人もあったが、理学部出身の筆者としては、ほんとうに納得できるものではなかった。従って、本書では、心理療法の科学性や方法論の問題が、相当に論じられるだろう。

悩んでいる人に忠告や助言を与えることを、まったくしないわけではないが、それは心理療法の仕事においては、ほとんど重要なことではない。忠告や助言で解決するような人は、心理療法など受けにこないといっていいかもしれない。心理療法は長い道程をクライエントと共に歩むものであるが、長い間この仕事を行なっていると、「よくなる」とか

「治る」とかいう点についても疑問をもたざるを得なくなってくる。「よくなる」とか「治る」とかいう表現が当てはまる、と考えられる例も存在するが、そうとばかりは言っておられないのである。なかなかよくならない人がある。そもそも、よくなるとはどんなことかさえわからなくなるときもある。そうなると、「よくなる」とか「治る」とかをこえて、人間が「生きる」ということにまで考えが及んでくる。

人間が生きてゆくことを考える上で、どうしても不可欠と考えられる、哲学、宗教、教育などが心理療法と関連してくる。心理療法はそれらとどう関連するのか、あるいは、心理療法をそれらとは異なる独立の領域として提示することができるのか。これらの問題も見逃すことのできないものとして、本書のなかで論じられることになろう。

心理療法を筆者がどのような立場に立って行なっているか、従って本書がどのような立場から書かれているのかを明らかにしておきたい。心理療法を「自然科学」と考えたい人は、それに学派や立場の相違があるのをおかしいと思うであろう。自然科学なら「真理はひとつ」でなければならない。それにもかかわらず、学派による相違があるのはおかしいということになろう。これについて、筆者は心理療法をいわゆる「自然科学」とは思っていない。わざわざ「いわゆる」などと言ったのは、心理療法の科学性について考えることによって、従来からある「科学」に対する考え方自体についても反省すべき点が見出せると思うからである。

心理療法の行なっていることは、敢えて言えば「人間科学」とでも言うべきことになるだろう。心理療法は全人的な関与を必要とするもので、人間と人間との主観的なかかわりを不可欠とする。と言っても、自分の在り方を何らかの方法によって対象化することを怠っていると、まったくのひとりよがりになってしまう。そのようなときに、自分がよっている学派を明確にすることは、その対象化を行いやすくする利点をもっている。

どれかの学派に属したり、その理論に頼ったりするときは、何らかの偏りを生じるので、自分はいずれにも属さずにできる限り正しい方法を選ぼうとする、という主張は、もっともらしく聞こえるが、その人が実際に行なっていることを見ると、著しくひとりよがりになるか、あるいは、あまりコミットせずに困難なケースを避けているか、という場合が多い。自分は是々非々でゆくと言っても、そのときの自分の判断がどうして決定されるのか、という点で甘くなってしまうのである。

ある学派を選ぶのは、それが正しいからではなく、自分にとって適切だから選ぶのである。あるいは、自分の判断を照らす適切な鏡として、それを選んでいるのである。

このようなことを自覚した上で、筆者はユング派に属していることを明らかにしておきたい。これは、C・G・ユングが行なった自己分析の方法と理論が、今までのところ自分にとって意味をもち、自分の心理療法の仕事を対象化して論じる際に、もっとも適切な理論をもつと筆者が判断していることを示している。従って、ユングの言ったことがすべて「正しい」とか、ユングの言ったとおりのことを自分がしなくてはならない、などと考えているのではないのである。

心理療法について述べることは極めて難しい。それは心理療法が取り扱う人間の心というものが捉え難く、二律背反に満ちているからである。心理療法の二律背反性については、これまでにも多々論じてきたが、このために、心理療法について定言的なことを言うのは、ほとんど不可能である。何かのことを言えば必ずその反対のことも言いたくなるようなところがある。さりとて、余りにも曖昧なことばかりも言っていられない。そこのところは、ある程度の思い切りをもって発言するより仕方がない、と思っている。

以上に簡単に述べた心理療法の科学性や学派の選択の問題については、本文中に再びもう少し詳しく論じられるであろう。ともあれ、最初に前述したような諸点を明らかにしておいて、本題にはいりたいと思う。

目　次

はじめに

第一章　心理療法とは何か……………………1
1 心理療法の目的(2)　2 心理療法のモデル(8)
3「治ること」と「治すこと」(15)　4 治療者の役割(22)

第二章　心理療法と現実……………………30
1 現実とは何か(31)　2 意識の層構造(36)
3 ファンタジーの重要性(43)　4 現実の認識《リアライゼーション》(49)

第三章　心理療法の科学性……………………58
1 科学の知(59)　2 深層心理学の本質(64)
3 因果律の効用と害(72)　4 人間の「科学」(77)

第四章　心理療法と教育……84
1 教育をどう考えるか(85)　2 教育現場の問題(90)
3 臨床教育学の必要性(97)

第五章　心理療法と宗教……105
1 神話の知(106)　2 宗教性(112)
3 宗教教団との関係(119)　4 通過儀礼(126)

第六章　心理療法における文化・社会的要因……134
1 個人と社会・文化(135)　2 日本人の特性(140)
3 自我と自己(146)　4 実際的問題(152)

第七章　心理療法における技法……158
1 技法の意義(159)　2 種々の技法(165)
3 技法の選択(172)

第八章　心理療法の初期……180
1 見たての必要性(181)　2 心理療法の可能性(187)
3 物語の発生(193)　4 クライエントと家族(199)

第九章　心理療法の諸問題……208
1 症状の変化(209)　2 転移・逆転移(216)
3 解釈と洞察(223)　4 トリックスター(229)
5 アクティング・アウト(234)
第十章　心理療法の終結……243
1 終結とは何か(244)　2 終結夢(250)
3 終結とアフター・ケア(257)
第十一章　心理療法家の訓練……264
1 心理療法家の資格(265)　2 スーパーヴァイズ(271)
3 事例研究の意義(278)　4 心理療法家の成長(285)
解説　心理療法は科学ではないが科学である……山田慶兒……293
〈心理療法〉コレクション 刊行によせて……河合俊雄……301

第一章　心理療法とは何か

心理療法は、心理的に困っている人を援助するという極めて実際的な要請に応えて行われてきている。そして、その名前が示唆するように医学の領域から生じてきた、「病気を治す」という一般的なイメージと平行して、心理的な苦痛を和らげるという目的を期待されている。このことを心理療法家は忘れてはならない。しかし、人間という存在はそれほど単純ではなく、心理的苦痛や問題ということのみに限定して「治療」を考えることは不可能で、心理療法は現在においては、医学の領域をはるかにこえてしまって、その目的や方法も一筋縄では把握できないものとなっている。従ってそれを「定義」することなど不可能に近いのだが、話のはじまりとして一応それを試みることにする。

1　心理療法の目的

既に述べたように、心理療法は最初は相当に限定された意味をもって出発したが、人間の心にかかわることは、結局は人間存在全体にまでかかわってくるので、人間の生き方や人生全般のことまで考えないと、心理療法を行うことができなくなってしまった。そのために、フロイトにしろユングにしろ、それぞれが人生の目標ということまで考えることになり、心理療法の目的を考えることは、人生の目的を考えることだ、というほどになってしまった。

しかし、それでは話が広くなりすぎるので、もう少し実際的なことも加味して、心理療法とは何かについて考えてみることにしよう。それについて筆者は次のように考える。

心理療法とは、悩みや問題の解決のために来談した人に対して、専門的な訓練を受けた者が、主として心理的な接近法によって、可能な限り来談者の全存在に対する配慮をもちつつ、来談者が人生の過程を発見的に歩むのを援助すること、である。

既に述べたように、心理療法を簡単な言葉で記述することは不可能に近い。ここに記したことも、これによって心理療法を「定義」すると言うよりは、考えの出発点として提示したと言うべきである。

悩みや問題の解決を期待して来談する人――われわれはクライエントと呼んでいるが――に対して、「専門的な訓練を受けた者」が会うと書いたのは、心理療法は専門家でなければやるべきではないと考えるからである。それは後述するように相当な危険性を伴う仕事であり、クライエントの利益を守ることを考えると、心理療法家の専門性を大切にしなくてはならないと思う。そこで「訓練」という用語を使用し、「専門的知識」と書かなかったのは、この仕事は知識をもつだけでは駄目で、実際的な訓練を必要とすると考えるからである。知識のみに頼って心理療法を行うと、害の方が多い。これらのことについては後に詳しく述べるであろう。

「主として心理的な接近法によって」と、わざわざ「主として」をいれたのは、場合によっては環境の調整が必要であったり、身体的なアプローチを必要とすることがあったりするからである。心理療法における身体的アプローチはだんだん盛んになりつつあり、今後もますます重要となってくるであろう。しかし、その場合の「身体」は、心と切り離して考えられる「身体」ではなく、その人によって「生きられている身体」、あるいは、心身不可分の立場によってみる身体であることを忘れてはならない。もちろん、心理療法の過程で、純粋に身体のことが問題になるときはあるが、それは医学の領域であり、心理療法家が医者であれば、それも自分が担当するべきか、他の医者にまかせるかを考えねばならないが、心理療法家が非医師の場合は、身体のことは医者にまかせて協力してゆかねばならない。

次に「来談者の全存在に対する配慮」というのは少し説明を要するであろう。たとえば、不登校の生徒が学校に行くことを、両親はもちろん本人も望んでいるかもしれない。しかし、心理療法家としては、すぐに登校することを目標とするのではなく、その生徒の生き方をできるだけ全体的に見てゆこうとする。そうすると、その子がその家族の何代かにわたる重荷を背負っていることがわかってくる。そのようなときに登校を焦るよりは、その問題について本人はもちろん、それを避けてきた両親も共に直面してゆくことが必要となってくるだろう。このようなことは実に多いのである。

そのときにわざわざ「可能な限り」と書いているのは不必要のようにも思われるが、それは実のところ「全存在に対する配慮」などということは、実際的に不可能であることを意識する必要があると思うので、このような言葉をいれたのである。あるいは、自分はこの際、この程度までを考えている、という自覚が必要とも考えたわけである。このようなことは実際上は極めて困難な決定を治療者に強いてくるときがあるが、その状況を明確に認識しているかどうかが大切なのである。

クライエントが人生の過程を「発見的に」歩む、としたが、この発見的(heuristic)という言葉は、万人共通の方法や法則が決まっていてそれを「適用」するのではなく、そのつど、適切な道を「発見」しなくてはならぬことを意味している。しかし、それはまったくの無方策でなく、ある程度一般的に通用する法則などを知りつつ、場合に応じて考えねばならぬことを意味している。登山の場合などを考えるとよくわかるかもしれない。それは処女峰であるので、明確にどうすればいいとわかっているわけではない。しかし、天候や山形や隊員の能力やなどについては、ある程度わかっており、決してしてはならないこともわかっている。ただ、そのときその場の決断となると、絶対正しい方法があるというわけではない。また、そのときにとる方法にしても、あれを試みてみたり、これを試みてみたり、あるいは途中で方針を変更したり……ということになろうし、それこそが「発見的」なのである。

人間の個性が一人一人異なることを強調するならば、ここは「創造的」と表現することにもなろう。そのような場合も確かにあるが、やはり、人間一般に対する考えや理論を考慮しつつ「発見的」に行なっている、とする方が実際の感じに合うように思われる。先に登山の例をあげたが、心理療法は一人一人の例がともかく「処女峰」の登山である、という事実はよく認識しておくべきである。

あるとき、吃音のクライエントの心理療法を行なっていたとき、「先生は今までに吃音の人を治療したことがありますか」と訊かれた。その質問は言外に、こんな面倒なことではなく、吃音の治療法というのがあれば、早くそれをやってほしい、あるいは、治療者はそういうのを知っているのか、という意味がこめられていた。そのとき治療者は、「吃音の方には今まで何人かお会いしてきましたが、吃音である××さんという方にお会いするのは、これがはじめてです」とお答えした。この答によって、クライエントは心理療法は「発見的」なものであり、それに伴う苦労もあることを了解されたようである。

「クライエントの発見的な歩みを援助する」と表現したところは、「クライエントと共に歩む」としようかと迷ったところである。治療者の実感としては後者の感じが強い。治療者の気持の表現としてはそのように言うことはあるとしても、さりとて、治療者がクライエントと安易に同一化したり、していると錯覚したりすることの危険を考えると、やはり「援助」の方がいいかと思って、そのようにした。

ここに「自己実現の過程」という表現を用いてもよかったが、自己実現という言葉が現在ではあまりに安易に用いられているので、誤解をおそれて用いないことにした。心理療法に実際に従事していない人や、軽症の人にのみ会っている人が、簡単に自己実現ということを言いたくなるようにも思われる。

以上のようなわけで、相当な曖昧さをもった表現によって心理療法をどのように考えるかについて述べたが、この程度の曖昧さがまず妥当なところと思う。人間という存在の不可解さを考えるとき、ある程度の曖昧さを残しておく方がいいと思うのである。

心理療法を人生の過程という広いパースペクティブのなかで捉えつつ、実際的には心理療法の終結ということがあるのを忘れてはならない。クライエントが自分の人生を発見的に生きてゆく態度を自分なりに確立すれば、心理療法家から離れてゆけるわけであるが、そのようなことを一方で考えるとして、他方では症状がなくなった、当面の問題が解決した、ということで実際的な終結がくることも知っていなくてはならない。いろいろな場合に応じて変化させねばならないが、心理療法の目的や、終結の意味などについて、できる限り言語によって意識化するように努めるべきである。

言語化するとき、クライエントの「腑に落ちる」言葉を用いることが大切である。どこかで教えられた横文字の言葉に言いかえるのは、多くの場合、その過程の「発見的」な様相を壊し、クライエントの個性を傷つけることにもなりがちであるので注意すべきである。この際、クライエントの用いた言葉を使用すると効果的なことが多い。子どもの問題で来談する母親は、実は自分の問題であってもそれを意識化するのが怖いので、子どものことに託しながら自分のことを話す人が多い。そのような母親が、「これまでは、子どもを盾にしてここにきていましたが」と言う。そのようなとき、「あなた自身が問題なのです」と言うよりは、「その盾をそろそろ置いても、ここにこられませんか」とか、「盾の陰から顔ぐらい覗かされても……」とか表現する方が、ピッタリと気持に沿った感じがするのではなかろうか。特に、クライエントが何らかのイメージによって表現するとき、そのイメージによって語るとうまくゆくことが多い。もちろん、時には明確に、「子どものこととしてではなく、あなたのこととしてきて下さい」などと言語化することも必要であろう。

2　心理療法のモデル

心理療法を行なってゆく上で、それはある程度、モデルに従って考えられる。実のところはそのような簡単なモデルに従っているのかどうかわからないのだが、一応、治療者がそのようなモデルを心のなかにもっている方が、ことが運びやすい面がある。もちろん、その功罪は相半ばするほどであるが、それについても述べるであろう。

医学モデル

西洋近代の医学においては、次のような考え方によって治療を行なっている。

症状→検査・問診→病因の発見(診断)→病因の除去・弱体化→治癒

この考え方は自然科学的な思考により、因果的関係の把握を行い、それによって治療を行うのだから非常にわかりやすい。症状としては頭痛などを訴えて患者がくる。検査によって脳に腫瘍のあることがわかり、それを手術によって除去し、治癒する、というような過程をたどる。

この考えがわかりやすいので、フロイトが最初にヒステリーの治療に成功したときも、このモデルに準じて彼の説を発表した。周知のことなので説明は繰り返さないが、次のように言えるだろう。

症状→面接・自由連想→病因の発見→情動を伴う病因の意識化→治癒

フロイトは最初は催眠を用い、後に自由連想を用いるようにしたが、ここで彼は「無意識」という概念を導入し、患者がその病因については意識していないので、それを意識化させることが治癒につながると考えたのである。このような考えは、一応、自然科学的なモデルに従っているので承認しやすくて、多くの人がこのような考えに従おうとするが、現在においては、このようなモデルによって考えてもほとんど有効ではない。この点については後に再び述べる。

次に考えられるモデルとして、**教育モデル**がある。

問題→調査・面接→原因の発見→助言・指導による原因の除去→解決

この考え方も因果律の考えによっている。いかなる問題もその原因があるはずである。従って、それを調査や面接によって明らかにする。その際、その個人の知識の不足、しつけの不足などを見出し、それに対して、助言や指導を与えたり、時には訓練をすることによって、問題を解決する。このような考えも実際的にはほとんど有効ではない。たとえば、盗みをする少年に「盗みは悪いからやめなさい」と指導しても、なかなかやめるものではない。心理療法を受けにくるような人は、助言や指導によっては問題が解決できないような人がくると言っていいだろう。

以上の考えはあまり有効ではないが、一般的にはこのような考えに頼ろうとする人が多い。それは、人間にとって因果律によって考えることがどれほど身についているものかを示している。物質を扱う自然科学において、その方法は実に有効であることを証明してきている。それがあまりに有効なので、その方法を人間にも応用したくなるのであろうが、人間という存在はそれほど簡単ではない。たとえば、子どもが問題を起こしたときに、「母親の冷たさが原因だ」などというが、考えてみると、冷たい母親をもったために偉大になった人もある。自然科学の因果関係のように、絶対的ではなく、それはそのような考え方もある、というのに過ぎないのである。従って、それを誰にでも「適用」しようとするのは、誤りである。

医学モデル、教育モデルがあまり有効でないので心理療法において比較的よく準拠されているのが、次の成熟モデルである。あるいは自己実現モデルとでも言うべきかもしれないが。この考えの特徴は、クライエントの問題や悩みの種類やその様子などよりも、クライエントに対する治療者の態度の方に注目する、という点で、これまでの方法と決定的に異なってくる。

成熟モデル

問題、悩み → 治療者の態度（後述）により → クライエントの自己成熟過程が促進 → 解決が期待されるこれは治療者がクライエントに対して積極的にはたらきかけるのと異なり、治療者の態度によって、クライエントの自己成熟過程が促進され、それによって問題解決が期待されるのだから、主体をクライエントにする、という点で画期的な考えである。しかし、考えてみると、多くの身体の病気も本人の自己治癒の力によって治るのだから、似たようなことと言っていいかもしれない。ここに治療者の態度として述べたことは、簡単に言えば、クライエントという存在に対して、できるだけ開いた態度で接し、クライエントの心の自由なはたらきを妨害しないと同時に、それによって生じる破壊性があまり強力にならぬように注意することである。

端的に言えば、心理療法はクライエントの自己成熟の力に頼っているのである。これは自己治癒の力とか自己実現の力とも言われるが、要するに、人間の心には人間の意識の支配をこえた自律性を潜在させており、それは一般にはある程度抑えられているが、治療の場という「自由にして保護された空間」を与えることによって、人間の心の奥にある自律的な力に頼り、生き方の新しい方向性を見出そうとするのである。

この際、直接的には「問題や悩み」の解決を目指してはいないので、「解決が期待される」と書いたのである。心理療法がこのように本人の力に頼っていることを理解されることが少なく、治療者が何かをしてくれるものと思われていることが多い。それは、誰しも因果的思考が好きで、人間を「物質」のように扱うと便利なので、そのように考えるのであろう。

このような成熟モデルにおいても、因果的思考が認められる。つまり、「治療者がオープンな態度をとるならば、クライエントの自己成熟の傾向が強められる」と、「――ならば、――となる」という表現形態をとっている。しかし、ここには落し穴がある。まず、治療者の態度、あるいは、治療者とクライエントとの関係というものは、実に記述の困難なものであり、操作的に定義はできないであろう。次に、クライエントの自己成熟の傾向などと言っているが、心が自律的に動くとき、それは極めて破壊的な傾向ももっている。治療が成功したときは、それを成熟力とか治癒力とか呼べるであろうが、このような治療者の態度によって破壊性が高まってしまうこともあるのではなかろうか。

成熟モデルの以上のような点を反省し、ある意味では、心理療法の本質をもっともよく示していると思われるものに、仮に「自然《じねん》モデル」と筆者が呼ぶ考え方がある。

自然《じねん》モデル

これはユングが中国研究者のリヒャルト・ヴィルヘルムより聞いた話として伝えている

ものである。(1) ヴィルヘルムが中国のある地方にいたとき旱魃《かんばつ》が起こった。数か月雨が降らず、祈りなどいろいろしたが無駄だった。最後に「雨降らし男」が呼ばれた。彼はそこいらに小屋をつくってくれと言い、そこに籠った。四日目に雪の嵐が生じた。村中大喜びだったが、ヴィルヘルムはその男に会って、どうしてこうなったのかを訊いた。彼は「自分の責任ではない」と言った。しかし、三日間の間何をしていたのかと問うと、「ここでは、天から与えられた秩序によって人々が生きていない。従って、すべての国が「道《タオ》」の状態にはない。自分はここにやってきたので、自分も自然の秩序に反する状態になった。そこで三日間籠って、自分が「道」の状態になるのを待った。すると自然に雨が降ってきた」というのが彼の説明であった。

ここで注目すべきことは、彼は因果的に説明せず、自分に責任はないと明言した上で、自分が「道」の状態になった、すると自然に(then naturally)雨が降ったという表現をしているのである。ここで、中国人がヴィルヘルムに言うときにどのような用語を用いたかは知るよしもないが、彼が「道」のことを語る点からみて、老子『道徳経』に用いられる「自然」の話を用いたものと推察される。日本語における「自然」という用語が、西洋における自然《ネーチャー》の訳語に用いられるようになって混乱したことは他にも論じたので、ここでは省略する。(2)

自然《じねん》は福永光司《ふくながみつじ》(3)によると、「「オノツカラシカル」すなわち本来的にそうであること（そうであるもの）、もしくは人間的な作為の加えられていない（人為に歪曲されず汚染されていない）、あるがままの在り方を意味し、必ずしも外界としての自然の世界、人間界に対する自然界をそのままでは意味しない」のであり、「物我の一体性すなわち万物と自己とが根源的には一つであること」を認める態度につながるものである。

こんなことを言うと、まったく非科学的と言われるかもしれない。そのような点については、第三章に論じるが、筆者の実感で言えば、この「雨降らし男」の態度は、心理療法家のひとつの理想像という感じがある。かつて棟方志《むなかたし》功《こう》が晩年になって、「私は自分の仕事には責任を持っていません(4)」と言ったとのことだが、似たような境地であろう。治療者が「道」の状態にあることによって、非因果的に、他にも「道」の状況が自然に生まれることを期待するのである。

3　「治ること」と「治すこと」

一応モデルなどという形で心理療法の考え方を示したが、心理療法というのは一般に誤解されている面が強く、心理療法家が医者のようにして「治してくれる」と思われている。

そのような期待をもって、自分は努力しなくても「治してもらう」と思っている人や、「人間が人間を治せるはずがない」とか「心理療法家の思うままに変えられてはたまらない」とか反撥する人もあるが、それらはまったく実状と異なっている。先に提示した、医学モデルや教育モデルにしても、本人の意志と努力なしには達成できないのである。それほど簡単に人間が変えられるのなら、心理療法家やカウンセラーという人たちが、まず自分を改造して「立派な人」になっているはずである。実在の心理療法家たちを見れば、そんなことは不可能であることがよくわかる。

心理療法家が「治す」のか、クライエント自身が「治る」のか、という形で問題を立ててみる。結論的には、クライエントの自己治癒の力が原動力ということにはなるのだが、そこにはニュアンスの差があり、治療者の主観的に感じている在り方に注目すると、「治る」、「治す」という問題の立て方が意味をもってくるのである。それぞれの治療者を見ていると、「治る」、「治す」の感じのいずれかの方に強調点がおかれており、その姿勢も異なってくるのである。

心理療法には多くの逆説的なことが生じるが、クライエントの自己治癒力が強い場合、治療者としては自分が「治した」という感じをもちやすいというところがある。つまり、医学モデル、教育モデル、として示したような方法で、治療者がクライエントの心を分析したり、あるいは、助言や指導を与えたりして、急激に治るときは、実はそのような刺戟にすぐに反応したり、取り入れたりするだけの強さをクライエントがもっており、また、それだけに、治療者の援助に対する認識ももちやすいので、クライエントは「お蔭様で」と言うであろうし、治療者も自分は「——をしてあげたので、よくなった」と思いやすい。

ここで少し軽いエピソードをひとつ。企業内のカウンセリングルームを担当するカウンセラーが、「不思議ですね。こちらがあまり役に立っていない軽いケースほどお礼を言われたり、お礼の品をもってこられたりするのに、大変なケースになるほど、あまり礼を言われませんね」と言ったことがある。わが国では専門的に訓練を受けていない人がカウンセラーとしてはたらいていることがあり、従ってこのような素朴な疑問がでてきたのだが、この事実は先に述べたことと符合する。つまり、問題が浅く、立ち直る力の強い人は、カウンセラーのしたことに対して感謝を表現する強さをもち、これに対して、困難な人はそのような余裕もないのである。そもそもカウンセラーが自分に対して、どれだけの「仕事」をしているか認識していないことであろう。

このあたりのことを考えても、単純な医学モデルや教育モデルの適用は、心理療法の場合、あまり役に立たないことがわかるであろう(この両者の有用性については、また後に述べる)。従って、成熟モデルが重要になってくる。そうすると、クライエントの自己治癒力、自己成熟力が重要になってくるので、クライエントが自ら「治る」ということが前面に出てくるのであるが、問題はもう少し複雑である。クライエントの自己治癒力に頼るにしろ、そのような力が発動される場を提供することが必要であるし、その契機を与える、ということも考えられる。後者のような条件つくりの仕事に治療者の積極性を見出す人は、「治す」感じが強くなってくるであろう。

「治す」、「治る」の論議をする上で、古代における「癒し」がどのように行われていたかを簡単に見てみよう。ユング派の分析家C・A・マイヤーが古代ギリシャのインキュベーションについて論じているが[5]、これは現代における心理療法の本質と深くかかわるものである。マイヤーによれば、古代ギリシャのインキュベーションにおいて大切なことは、「治療者」がいない、という事実である。神託を受けようとする人は、沐浴などの一定の準備をすませた後に、神殿の内部や洞窟などの定められた場所に籠り、ひたすら祈りを続けて神託の下るのを待つ。そのとき、アスクレーピオスの神殿においては、「夢見ること」それ自身がすなわち癒しであり、そこにはアスクレーピオスの像以外に誰もいないのである。この際は、アスクレーピオスの神に「治していただく」と感じるわけで、それはあくまで「神の業」であり、人間が「治す」とか「治る」とかの感じはなかったのである。

古代日本においても同様のインキュベーション儀式が行われていたようで、長谷や石山などの観音信仰がそれであったことはつとに指摘されている。有名な、親鸞の夢告の体験なども、このような流れのなかに位置づけられるであろう。

このようなときは、治す主体は神であるので、神と患者との関係のみが大切であったが、そのうちに儀式を行うための司祭や、夢の「解釈」を行なったりするような人間が、神と患者との間に介在するようになる。そうなってくると、そこに介在した人によって、「治す」ことが行われるような錯覚も生じてくるわけである。

インキュベーションに対して、古来から行われている治療法に、シャーマンによるものがある。この際は、病いの原因を「霊魂亡失」、あるいは「悪霊侵入」のいずれかとして考え、シャーマンの力によって、失われた霊魂を取り戻してもらったり、侵入してきた悪霊を追い払ってもらったりすることによって治療される。この際、シャーマンが「治す」という形に見えやすいが、このことを行うためには、シャーマンが何らかの超越的存在とのかかわりをもっている必要がある。この超越的存在は部族の守護霊などさまざまであるが、シャーマンも患者も共にそれに対して絶対的帰依の感情をもっていなければならない。

インキュベーション、シャーマンのいずれの方法にしろ、癒しは宗教的行為であった。ところが、神と患者の間に介在する人間が、自分の力によって「治す」と考えはじめると、宗教性は薄れ、魔術になってくる。つまり、人間が超越的な力を操作して癒しを行うのである。このような魔術的治療法は現代の文明国においてもまだ生き残っている。

心の病いの癒しを宗教や魔術の領域から、科学的な領域に移しかえようとしたのが、フロイトである。既に医学モデルとして提示したような考えで、彼は西洋医学が身体の病気の癒しの仕事を、神の手から人間の手に奪い取ったように、心の病いにおいても同様のことができると考えた。

西洋の医学が心と体の明確な分離、自と他との明確な分離ということを前提として、自（この際、西洋近代に確立された自我）が、他としての身体を対象として治療を行うことに範を得て、分析家が患者の心を「対象」として分析し治療を行うという考えをフロイトはもったのである。しかし、転移・逆転移と呼ばれるような両者の関係がそこに複雑にからむことが明らかになってきて、まず考えたことは、分析家になるべき者は教育分析を受ける、ということであった。つまり、「関係」によって影響されないだけの人間をつくりあげることによって、「対象化」の論理を貫徹しようとしたのである。

このような努力にもかかわらず、治療者・クライエントの関係の意味の深さは、それをこえるものがあり、後にも論を展開してゆくように、むしろそれに基礎を置くような、成熟モデル、のような考えが強くなってきたのである。

フロイトの考えた、いわゆる「科学的」方法を簡単に承認することはできないが、彼が

「治す」立場を明確にしようとしたことによって、分析家の責任、資格ということが自覚されるようになったことを評価すべきであろう。

以上述べてきたことからわかるように、医学モデルより自然モデルまでを並べてみると（表1）、極めて図式的であるが、上部の方が「治す」、下部の方が「治る」という傾向が強く感じられる。実際の臨床においては、解決しようとする課題の性質によって、治療者はどのようなモデルによっても仕事ができるように心がけねばならないが、ある程度、自分の得意なモデルがあることも自覚する必要があるだろう。

「治す」タイプの治療者は、それを行うために自分がよって立つ理論にクライエントの方を合わせようとし過ぎて、「解釈」を押しつけたり、不当な要求をしたりして、クライエントの本来的な生き方を歪ませようとしていないかを常に反省する必要がある。「治る」ことを強調する人は、クライエントの自主性という考えに甘え、治療者の責任や能力という点で厳しさに欠けるところがないかを反省するべきである。一番困るのは、「クライエントの力で治ったのです」などと言いながら、治療者は自分が治したのだと考え、自我肥大を起こしてしまうことである。

表1　「治る」と「治す」

医学モデル	治す
教育モデル	↑
成熟モデル	↓
自然モデル	治る

「治す」、「治る」どちらの考え方をするにしろ、心理療法のもともとは宗教的行為であったことを考えると、一度は否定したはずの神の座に、知らぬ間に治療者が坐ってしまうという危険があり、この点については常に自戒していなくてはならない。

4　治療者の役割

「治す」立場に立つと治療者の役割はわかりやすい。しかし、多くの場合、クライエントの潜在的な自己治癒の力に頼ることになるので、このときは、外見的には治療者の役割が何かわかりにくいことになる。比較的短期間によくなってゆかれた方で、「お蔭様でと言いたいですが、先生のお蔭とは思えません」と言った人があったが、クライエントとしてはそのように実感されることもあろう。

たとえば、クライエントが「私は最近学校に行っていないのです」と言ったとき、「何時から」とか「なぜ」とか治療者が尋ねると、下手をすると、クライエントは情報の提供者、治療者は情報を収集して考える人、というような形になってしまう。さりとて、治療者が黙っていては関係が切れてしまう。そこで、関係を維持しつつ相手の自主性を尊重するような聞き方がなされねばならない。しかし、ここで「自主性」と言っても、むしろ、クライエントの自我ではなく、自我をこえた無意識的な心のはたらきの自主性を尊重すると考えるべきである。

治療者とクライエントの会話は、ただ単に「会話」しているように見えるが、前述したような点から、普通の会話と微妙に異なってくるし、そこには細心の注意が必要になる。困難な事例で、よくなってからクライエントが次のような礼の言葉を言われた。これは治療者に対する最大の賛辞として嬉しく思った。その方によると、最初の面接が非常に印象的だった。「先生は私の顔にも服装にも全然注意を払っておられなかった」、「私の話の内容にさえ注意しておられなかった」と言うのである。それでは、いったい何に注目していたのですと問うと、「私の話していることではなく、私の一番深いところ、まあ言ってみれば、たましいとでもいうようなところだけを見ておられました」。

これはもちろん誇張した言い方で、治療者としてはクライエントの服装や容貌やすべてのことに気を配らねばならないのはもちろんであるが、この方の言いたかったことは、他の人なら関心を示し、とらわれるようなことに治療者が全然とらわれずにいたということを表現したかったのであろう。これは簡単なようでなかなかできないことである。そして、クライエントは治療者の関心がどこに向いているかを、いち早く感づいてしまうものなのである。治療者は、クライエントが語る、時には波瀾万丈とも言えるような個々の「事件」に注目するのではなく、そのような事件にまきこまれざるを得ないようなことまでして、その背後にあるたましいは、何を問いかけようとしているのか、それに耳を傾けようとするのである。

時にはクライエントにとって「緊急」の問題があるのに、治療者がそれに対してあまり関心を示さないので、治療者の能力が低いのか、感受性が鈍いのかと、クライエントが思うときさえある。しかし、人間は多くの場合、たましいの要請の厳しさから逃れるために「緊急」の問題をつくりだすようなところがあるので、そんなのにうっかり乗ってしまっていては、話がすすまないのである。

ただ、これらのことは概念的に追究されるのではなく、極めて個々、実際的であるので、たましいの要請に直面して潰されるようなクライエントの場合は、その「緊急」の問題につき合って、治療者が共に右往左往することも必要なときもある。忠告や助言などを与えても無駄であるとわかっていても、そのことによって、クライエントとの関係の維持をもつことが必要と感じたときは、している。その内容そのものはあまり問題なのではない。その行為が関係の維持に役立つからしているのである。

自己成熟とか自己治癒の力と言っても、それが急激に行動化されるときは危険なこともある。たとえば、自己変革の力を端的に行動化しようとすると、自殺という行為になるだろう。「死と再生」のパターンは、心理療法の過程につきものと言っていいほどで、その行動化と考えられる自殺に対しては、治療者は慎重に対処しなくてはならない。単純に自殺をとめることは、せっかくの「死と再生」のプロセスをとめることになるし、さりとて、それが実行されてしまうと失敗になる。もちろん、死そのものはこのように図式化して説明できないものなので、現実にはもっときめの細かい配慮が必要だが、ともかく、治療者の役割として、安易に自殺をとめるだけが能でないことは了解できるであろう。自殺をとめるとめないという考えよりは、いかにして象徴的な死と再生の過程を歩みつつ、肉体の死を避けるか、というように考えた方が、治療者の役割がはっきりするであろう。

行動化(アクティング・アウト)にどう対処するかは、治療者にとって実に困難な課題のひとつである。訓練を受けず書物による知識によって心理療法まがいのことをはじめた人が、クライエントの行動化によって傷を受け、それ以後、心理療法をやめてしまうことになるのも、よく見かけることである。アクティング・アウトの問題は、もっと後にもう一度取りあげて論じるであろう。

治療者はクライエントの内的過程が生じるための「容器」として存在しているのだが、そのためには、自分の限界をよく知っておくべきである。もちろん、人間誰しも自分の限界に挑戦しており、それによってこそ向上してゆくのであるが、クライエントが自分の限界をこえると判断したときは、そのことを率直に話し合うのがよい。それによって、もっと適切な他の治療者を見出すときもあるし、「限界」を明らかにしたことによって、クライエントも考え直し、また関係が継続され、あらたな発展が見られるときもある。ともかく、限界以上のことを無理してしていることを認識していないときは危険である。

「モデル」化して単純に書いているので、治療者の態度が開かれているなら、すなわち、自己治癒の力がはたらいて……というように一筋道で考えられがちだが、そんなに簡単に事は運ばない。もちろん、訓練された専門家であれば、ある程度の基本的な態度はできているにしても、クライエントの話す内容が共感されてこそ心が開き、心が開くからこそクライエントも深い話ができる、というように相互作用的に過程がすすむのである。治療者の「態度」さえできておれば、知識などなくともよいというのは暴論である。開かれた態度をもつためには、相当な知——と言っても体験に根ざしてないと困るが——を必要とするものである。

治療者としては、自分の容量をこえて心的内容が露呈されてくるときには、それをとめることも必要である。ある程度の強さをもったクライエントは、治療者の容量を察知する力があり、治療者の容量にふさわしい仕事をするが、そうでないときは、過去の経験や感情の未消化のものが噴出してきてしまうときがある。クライエントはそのときは自然の勢いによってそのようにしてしまったものの、帰宅後、自己嫌悪に陥ったり、あるいは、治療者の欠点を急に意識しだしたり、防衛がはたらきすぎて中断してしまうことがある。そのように感じたときは、「その話は大切なのでまた後でゆっくりとお伺いしましょう」というような形で、噴出をとめるべきである。絵画療法、箱庭療法などの表現活動に対しても、同様の注意が必要である。一般に信じられているように、ただ心のなかのことを出しさえすればいいのではない。

治療の部屋においては、次章に述べることとの関連で言えば、意識の次元が少し変化した状態での体験をすることがあるので、時間の終り頃には話題を現実的なことに戻し、クライエントが通常の意識にかえって、帰宅するように配慮しなくてはならない。面接が深くなったときに、このような配慮を忘れると、非常に危険である。

少しこまごまとしたことを書きすぎた感があるが、これも先にモデル式に単純化して示したことから、心理療法の仕事を単純に受けとめてもらうと困ると思ったからである。何といっても、治療者がそこに存在することが、一番大切なことで、治癒のプロセスが自然にはたらいているときは、外的には治療者は何もしていないように見える。しかし、これは極めて大量の心的エネルギーを必要とする仕事である。

一例をあげる。ある治療者に対して、クライエントが自殺をしたいと思うが、その勇気がない。しかし、ここからの帰途、駅までは自動車の交通が激しいので、交通事故に見せかけて死んでしまおうと思うと言う。あげくの果ては、「先生、すみませんがせめて駅まで送って下さい」ということになり、この治療者は安易にそれに従って、以後はクライエントの依存心を強化してしまって、非常に困難な状況になっていった。

このとき、以上のことを予想して、もし送らないとするとどうだろうか。もちろん、そのときは自殺はしないという判断にたってのことだが、もし、それでもクライエントが死ねば大失敗ということになる。こんなときに、いつも通じる「正しい答」などというものはない。治療者はともかく判断を下して行動しなくてはならないが、このとき、送ってゆくのと送ってゆかないのとを比較すると、後者の方がはるかに心的エネルギーを必要とすることは明らかであろう。

心理療法家はできる限り、心的エネルギーを使う方に賭けるように心がけるのである。それを間違って、クライエントのために、あちこち走りまわったりするのを「熱心」と思ったりする人がある。もちろん、自分の能力の限界に従って、われわれは行動しなくてはならぬこともある。しかし、それは熱心だからではなく、自分の能力が低いためであることを自覚していなくてはならない。

注

（1）Jung, C. G., *Mysterium Coniunctionis*, The Collected Works of C. G. Jung, vol. 14, Pantheon Books. 池田紘一訳『結合の神秘II』ユング・コレクション6、人文書院、二〇〇〇年（ヴィルヘルムの話は、英訳版の注にあるが、独語版にはその注がないため、邦訳二〇六頁には掲載されていない）。
（2）河合隼雄『宗教と科学の接点』岩波書店、一九八六年。
（3）福永光司「中国の自然観」、『新岩波講座 哲学5 自然とコスモス』岩波書店、一九八五年。
（4）柳宗悦「棟方の仕事」、大原美術館編『棟方志功板業』。
（5）C・A・マイヤー、秋山さと子訳『夢の治癒力』筑摩書房、一九八六年。

第二章　心理療法と現実

心理療法は極めて実際的な仕事であると述べた。それは常に、就職するのかしないのかとか、離婚するかどうかとか、実際の生活と密接に関連してくることが多い。そのような意味で「現実的」な仕事というべきであるが、実際に心理療法に従事していると、そもそもその「現実」とは何か、というような根本問題についても考えざるを得なくなってくるのである。哲学の領域において、認識論、存在論などと名づけて論じられていることが、大いにかかわってくるのである。

さりとて、ここで筆者は「哲学」論議にはいり込んでゆくのは避けたいと思う。それは自分が哲学を理解する力がないからだと言われればそれまでであるが、やはり、心理療法家としては、あくまで自分の心理療法の実際の仕事との関連で考えるべきだと思っている。さもなければ、努力して哲学者に近づけば近づくほど——といっても本職の人には及ぶべくもないが——心理療法家としての能力は低下するように思われるからである。さりとて、哲学のことを忘れ去ってしまうと、心理療法の底が浅くなるとも思われる。

　本書においても時に引用するような、わが国の哲学者の方々の説に依存して、筆者は考えてきているが、本章においては、特に、井筒俊彦《いづつとしひこ》『意識と本質』（岩波書店、一九八三年）の考えによるところ大である。このことは、筆者が井筒の哲学に従って心理療法を組立ててきた、というのではなく、心理療法を行いつつ筆者なりに考え、問題としてきた諸点について、前掲の井筒の書物が、またとない方向性や答を与えてくれた、ということである。以下、井筒の考えを参考にしつつ、筆者の考えを述べてゆきたい。

1　現実とは何か

　クライエントは何らかの訴えをもって来談する。たとえば、ある大学生は、自分の目と目の間のくぼみがひどく陥没しているので、非常に変な顔である。そのことが気になって外出できない。整形外科に行って治してもらおうと思ったが、こちらにくるべきだと言われて心理療法家のところに一応やってきた。しかし、自分は心の問題なのではなく、顔の形が問題なのだ、と言う。

　このようなとき、この人の顔を見るとごく普通の顔である。しかし、本人は変な顔であることを主張し外出できないと言う。顔の訴え以外に特に奇異なこともないことがわかってくると、この人を「醜貌恐怖」と言われている神経症の一種であると判断を下すことができる。

それはそれとして、治療のためにわれわれは何をするのか。この人に「醜貌恐怖」などという病名を告げても、また、「あなたの顔は普通で問題ありません」と告げても、おそらくこの人はそれきり再びやってこないだけで、事態は何も変らないだろう。心理療法家は、この人が自分の顔を変な顔とする、その現実を受けいれるように努める。といっても治療者自身は彼の顔を「普通の顔」という認識をしてしまっている。このことはどうなるのか。このときは、治療者は彼の顔が普通かどうかなどの判断を一切しない、という人もあるが、筆者はそんなことは不可能だと思っている。「そんな判断をしてはいけない」と意識した途端に、「普通の顔」と意識してしまうのが人間というものではなかろうか。

治療者は自らは「普通の顔」と判断しつつ、なぜクライエントの「変な顔」という判断を受けいれようとするのか。それは「現実」ということと、人間の「意識」の在り方とが関連していると考えるからである。

人間は外界を「意識」によって認識する。そして、たとえば「彼の顔は……」と言ったりするが、そもそも「顔」という意識はどうして成立するのか。人間が生まれてきて母親の顔を見たとき、「その顔は」などと赤ちゃんは思うだろうか。赤ちゃんはそもそも「顔」という名を知らないのである。彼はもし目が見えるなら、「……」という名づけ難い何ものかの存在を意識するだろう。そのうち、彼はその「……」を他の存在と区別するだけでなく「顔」という言葉で表現することを学ぶ。

顔と顔以外のものを区別すること、このような「分離」の機能が意識化のはじまりである。多くの創造神話に、天と地、光と闇などの分離が語られるのも、このことを反映していると思われる。分離して名づけることが意識のはじまりである。このようなことが繰返され、しかも、それはシステム化されて、人間の通常の意識体系がつくられる。

日常的生活においては、われわれはこの通常の意識によって現実を認識し、自分を主体、他を客体とし、客体はたとえば、部屋のなかにある机と椅子とか、それぞれが意味分節されて存在している、と考えている。このことをほとんど自明のこととしてわれわれは生きており、ここに椅子があると思う、そのときに既に「椅子」という言語をもって認識しているわけだから、赤ん坊のときに、「……」として見た体験など忘れてしまっているわけだし、ほんとうにその存在そのものを見ているかどうかも疑わしいわけである。「そこに椅子が」というように「椅子」という言葉を用いるその瞬間に、それによってわれわれの認識は制約を受けているのである。

われわれはそのような通常の意識によって現実を認識しているが、それが「現実そのもの」なのかどうかは知るよしもない。ただ、自分の周囲の多くの人とそれを共有していることは確かめられる。時に癌の宣告を受けて、自分の死期が近いことを知った人のなかに、外界の植物などが凄く美しく、みずみずしく見えることを報告されることがある。ところが、それが誤診であることがわかると、ほっとするものの、景色はもとのように普通のものになってしまう。このような体験は、井上靖《いのうえやすし》『化石』に描写されていたが、いったいそのような景色のどちらがほんとうの「現実」なのだろうか。

あるいは、筆者がお会いした精神分裂病〔統合失調症…編者注〕の方が寛解状態になったときに、自分の発病時の様子について、そのときに、自分の目の前の「机そのもの」が見えてきて、その体験に圧倒され、それを他人に伝えようにも言葉が見つからなかった、と言われた。既に述べたように、われわれが、「そこに机がある」と言うときは、「机というもの」を見ているのだ。これに対して、筆者が先に「……」という表現をしたような状態として、その方には「机そのもの」が見えたのであろう。「言葉が見つからない」のも当然である。これらのことから考えても、通常の意識が把握しているのは、「ひとつの現実」であるとしても、これこそほんとうの現実だなどとは言えないと思われるのである。

意識の状態について、次に考えるべきことは、既に述べている「分離」とは逆に「融合」ということも生じる事実である。友人が事故で傷ついたりすると、自分も「痛み」を感じる。これは動物に対しても生じることである。つまり、自分と他の存在が一種の融合状態となり、意識がそれを把握する。

ここで、はじめにあげた例に戻ろう。クライエントが自分の目と目の間が陥没していると言うとき、彼はそのような「現実」について語っている、と考えられるのである。ただ、そのような「現実」が通常の生活のなかに露呈してきているところに問題がある。そして、当人もその「現実」の正しいことについては他に譲らないにしても、全体としての自分の在り方に何らかの問題のあることを半意識的に感じているので、心理療法家のところに続けて通ってくるのである。彼の現実は、いわばふたつの現実が焦点が合わないままに、二重うつしのように見えているわけで、心理療法家もそのような二重の現実のなかに、できる限り身をおこうとするのである。

以上考察してきたように、心理療法家は、「唯一の正しい現実」が存在すると考えるよりは、現実を人間がどう認知するか、そして、そのような認知の仕方は、その人にとってどのような意味をもち、周囲の人々とどのように関係するか、ということに関心を払うということになる。そこで、そのような「現実」を認知する人間の意識ということを考えると、人間の意識は層構造をもつと考える方が、その現実認識の在り方を考える上で好都合である。これは現実が層構造をなすから、意識も層構造をなしている、あるいは、その逆に意識が層構造をもつから現実も……というように因果的に理解するのではなく、ともかく、両者の対応の存在を認めた上で、心理療法家としては、心の在り方の方に注目するのだというのが妥当であろう。そこで、次に人間の意識の層構造について、井筒の説を参考にして述べる。

2 意識の層構造

意識の層構造を考える上で、井筒は次のように述べている。(1)

ここでは意識の層を簡単に表層意識と深層意識とに区別するが、勿論、それは記述の便宜上の比喩的表現にすぎない。もともと意識というものがあるわけではなく、意識に表面や深部があるわけではないが、いわゆる正常な感覚、知覚、思念など、ごくあたりまえの心の動きを場所的に意識の表層とするならば、以下に述べるような或る種の意識現象は日常的条件の下ではほとんど見られないものであって、その意味で、比喩的には、意識の深み、意識の深層として定位されるのである。

この言葉によって、意識の層構造という考え方の意義が明白に示されていると思う。ここに述べられている「或る種の意識現象」の例として、井筒も取りあげているサルトルの『嘔吐』における有名なシーンを引用してみよう。

マロニエの根はちょうどベンチの下のところで深く大地につき刺さっていた。それが根というものだということは、もはや私の意識には全然なかった。あらゆる語《ことば》は消え失せていた。そしてそれと同時に、事物の意義も、その使い方も、またそれらの事物の表面に人間が引いた弱い符牒《めじるし》の線も。背を丸め気味に、頭を垂れ、たった独りで私は、全く生《なま》のままのその黒々と節くれ立った、恐ろしい塊りに面と向って坐っていた。

前節で人間の意識はものごとを区別することによって生じると言ったが、それは通常の（表層の）意識であり、それとはまったく異なり、サルトルが見事に描写しているような、絶対無分節とでもいうべき「存在」そのものの意識というのがあることを、われわれは知らねばならない。これは、先に示した精神分裂病者の「机そのものが見えてきた」という体験と類似のものであると思われる。

「生《なま》の存在」に触れて、サルトルは「嘔吐」をもよおすが、井筒によれば東洋の精神的伝統においては、「絶対無分節の「存在」に直面しても狼狽しないだけの準備が始めから方法的、組織的になされているから」、「嘔吐」したりはしないという。たとえば、井筒は次のような老子の言葉をあげる。

常に無欲、以て其の妙を観
常に有欲、以て其の徼《きょう》を観る

常に無欲とは絶対執着するところのない、深層の意識であり、そこでは「机」とか「木の根」などという名が消え失せ、絶対無分節の「妙」の世界になる。これに対して「欲」が有る、つまりものに執着する心の在り方では、「徼《きょう》」が見える。徼とは「明確な輪廓線で区切られた、はっきり目に見える形に分節された「存在」のあり方を意味する」。

「老子」は言うなれば、このようなふたつの現実を共に「観」ているのである。このバランスが凄いのである。ここで少し横道になるが、人間の生き方を見ていると、どうもこのバランスを保つのが下手な人が多いように思う。「自分はまったく無欲、立身出世などは問題にしていない」と大きい声で言いながら、実際は強欲であったり、また、有欲すぎて、ガツガツ生きているうちに、自分が何のために生きているのか、足場がぐらついてきて不安になったり、とかいう例が多い。あるいは、無欲の人は、場ちがいの真実を語って、周囲の人々を傷つけたり、唖然とさせたり、「妙を観る」どころか、妙なことになってしまったりする。老子の境地に達することは不可能にしても、この言葉は心理療法家としてもつべき態度を端的に示してくれているように思う。無欲と有欲が共存しているところが大切なのである。

　意識の層構造についての考え方は、東洋においていろいろな考えが発展したのであり、それらについて井筒は詳述しているが、それらのなかで、筆者にとって自分の心理療法を考える上で、もっとも適切と考えられる考え方を次に紹介する。これが唯一のものでも、「正しい」というものでもなく、筆者にとって適切と感じられるものなのである。

　人間の意識は「イメージ生産的」にできているが、表層意識のイメージは経験的な日常生活での具体的事物と密着しているのに対して、深層意識でのイメージはそれとは独立にはたらくところが特徴的である。それは自律的で、時に「妄想」とか「幻覚」と言われて「異常」扱いをされるが、それは表層意識から見ればそうであるが、深層意識において見れば、それはそれ自身の意味をもっているのである。ただ、ここで意識の表層と深層の混同が生じてくると、日常生活が困難になり、「異常」と言われるのだが、深層意識そのものは異常でも何でもなく、ひとつの現実を見ているのである。このような体験のない人にとっては、このことは非常にわかりにくいのであるが、眠っているときに見る「夢」を考えてみると、ある程度わかるであろう。それは自分の意志でコントロールできず、思いがけないイメージを見せてくれるのである。

深層意識にうごめいているイメージは、しかし、まったく無秩序というのではない。それはそれなりの型をもつと、ユングは主張している。それは、そのようなイメージについて古来から語られてきている神話・昔話、それに宗教的絵画などを研究し、精神病者の幻覚や妄想、それに通常の人間の深い夢の内容などを比較検討すると、それらのなかに共通した「元型《アーキタイプ》」が認められることを、ユングは指摘したのである。

ユングの言う元型は、難解な考えであるが井筒は次のように述べている。

「元型」(または「範型」) archetype とは、言うまでもなく、一種の普遍者である。だが、それは普通に「普遍者」の名で理解されるような概念的、あるいは抽象的、普遍者とは違って、人間の実存に深く喰いこんだ、生々しい普遍者である。「抽象的普遍者」(abstract universals) から区別して、フィリップ・ウィールライト (Philip Wheelright:

"The Burning Fountain")はこれを「具象的普遍者」(concrete universals)と呼び、ゲーテの「根源現象」(Urphänomen)に結び付ける。彼によれば、真の詩的直観のみが、世界内の事物をそれらの「元型」において把握する。

元型それ自身は何らの具体的形をもたないのであるが、元型的イメージとして自己を深層意識内に顕わしてくるのである。このような元型は、表層意識内における分類とかかわりのないところが特徴で、たとえば、壺、蜘蛛、熊などと、表層意識においてはまったく異なる分類に属するものが、「母なるもの」というひとつの元型の顕現としての元型的イメージとしての意味をもつことがある。抽象的概念的思考を唯一の正しいものとして固執する人にとって、このことはなかなか理解困難なことである。

これまで表層、深層という二分法で、意識について語ってきたが、実際の意識構造ははるかに複雑である。そこで、深層意識をもう少し分けた構造モデルを、井筒俊彦によって示すことにする。

図1に示した構造モデルにおいて、Aは表層意識を、そしてその下部はすべて深層意識を表わす。図の最下の一点は、井筒が「意識のゼロ・ポイント」と呼ぶもので、「文字どおり心のあらゆる動きの終極するところ、絶対的不動寂莫の境位である」。そして、それ

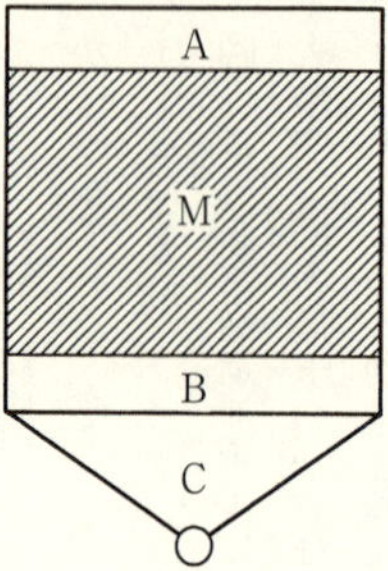

図1
(井筒俊彦『意識と本質』222頁より)

はまた「逆にあらゆる心の動きがそこに淵源しそこから発出する活潑な意識の原点として自覚しなおされなければならない」点でもある。

この意識のゼロ・ポイントに続くCは無意識の領域である。それはB領域に近づくにつれて次第に意識化への胎動を見せる。Cの上にあるB領域を井筒は唯識哲学の考えを借りて「言語アラヤ識」の領域と呼んでいる。唯識のことまで説明する余裕はないが、唯識学は仏教における深層心理学と言ってもよいくらいで、アラヤ識は唯識論の説く八識中の第八番目にあたる。それは宇宙万有の展開の根源で、万有発生の種子を蔵すると考えられている。井筒はB領域を言語アラヤ識と呼び、「意味的「種子《ビージャ》」が「種子」特有の潜勢性において隠在する場所として表象する。大体において、ユングのいわゆる集団的無意識あるいは文化的無意識の領域に該当し、「元型」成立の場所である」と述べている。

ところで、これまで深層意識という言葉を用いてきたが、ここで、B領域がユングの集団的無意識に該当するなどというのを不思議に思われるかもしれない。これは、西洋においては、これまで論じてきた表層意識を「意識」として強く同定してしまうので、それより深層の意識を無意識と呼ばざるを得なかったのである。あるいは、この図で言えば、A領域があまりに確固としていて他と断絶しているので、A領域以外のことについて述べるのに非常に苦労をしたのだとも言うことができる。東洋においては多くの宗教的修行によって、深層の意識に到達することをよく行なってきていたので、それらは深層意識として把握されるのである。

BとAとの間にひろがる中間(M)地帯が、これまでに述べてきたイメージの場所である。これは「意識構造論的には表層意識と無意識との中間にひろがる深層意識であるとともに、存在論的には物質的・物理的リアリティーと純粋精神的リアリティーとの中間に位置する第三のリアリティーでもある。」この世界を、フランスの著名なイスラーム学者アンリ・コルバンは、イメージの世界(mundus imaginalis)と呼んだ。

このように意識を層構造として捉えるとき、心理療法家にとって、この「イメージの世界」が極めて重要なものとなってくるのである。

3　ファンタジーの重要性

これまで述べてきたような、M領域に存在するイメージの特性として、井筒は、「㈠説話的自己展開性、あるいは「神話形成的」(mythopoeic)発展性と、(二)多くの、あるいはすべての、「元型」イマージュが一定の法則性をもって結合し、整然たる秩序体をなすという、構造化への傾向と」をあげている。これは実に重要なことである。M領域を理解するためによく心得ておくべきことである。

イメージは「機会さえあればすぐ説話的に展開しようとする」とは井筒の言葉であるが、昔話、伝説、神話などを人間がもち、一見荒唐無稽と感じられる話を語り伝えてきている事実をうまく言い当てていると感じられる。筆者は時に、われわれが見る夢も、ひょっとして、それはひとつあるいはいくつかの「イメージ」であり、覚醒する瞬間に「説話的に展開する」のではないかとさえ思うことがある。確証することは難しいが。

イメージは実は図1のA領域でもM領域でも生じると述べた。人間が自分の心の方に比重をおいて考えるならば、外界のことを認知するとき、心のなかから生じてきたイメージをそれに当てはめて認知していると考えると考えやすい。ここで、外的現実が先か心が先かなどと議論するのではなく、ともかく心の問題を考えるとき、――特に自分で自分の心のことを考えるとき――、このように考えるとわかりやすい。たとえば、一本の糸杉を認知するときも、心のなかの糸杉のイメージを適合させて、「糸杉がある」と言うわけである。そして、表層の意識内で動くイメージは外界の事物に即しているところが大きいと考えるのである。

クライエントが、「私の母は恐ろしい人で、私の自由というものをまったく許さないのです」と言われるとき、「子どもの自由をまったく許さない母親」というイメージがそこにはたらいている。それもひとつの「現実」である。しかし、心理療法家はそれを唯一の正しい現実であるとは考えていない。何が正しいかを問題にするのではなく、ともかく、その人がその「現実」に悩んでいるのであれば、それに対してどうすればよいのかを共に考えてゆこう。そして、そのためには、その人が自分の内界のイメージの在り方、心の構造について探求してゆくことも、その解決のためのひとつの緒となろうと考えるのである。従って、その人の話を聞きながら、また、その人の見る夢に注目したりもするのである。

不登校の子どもの多くは、学校へ行きたいと自分は思っているのだが、朝になるとどうしても目が覚めなかったり、足がすくんだりして行けない。そして、自分でもなぜ行けないのかわからなくて困っている。そのような子で、ロケットに興味をもっていろいろと調べたり、写真を壁に張ったりしている子があった。そんなときに、心理療法家は子どもにロケットについて話をしてもらう。彼は自分の興味のあることなので一所懸命になって話をする。それを聞きながら、心理療法家は、ロケットが大地を離れてゆくイメージを心のなかに描いている。イメージはイメージを呼び起こし、「母から離れてゆく子ども」のイメージがそれに重なる。そんなときに、「君は母親から自立しなくてはならない」などというのはナンセンスである。心理療法家は、クライエントの心のなかのロケットのイメージがどのように「説話的自己展開」をするかに関心をもち、その線に沿ってゆこうとするのである。

中・高校生などでは、このように自分の「好きなこと」や趣味などについて熱中して語っているだけで、問題が解決される場合がある。本人はそれと気づいていなくても、治療者としては、そのなかにおけるイメージの展開のなかに、治療の過程を読みとることができる場合もある。

M領域のイメージを知る方法として、夢に頼ることは非常に効果的である。夢はまさに自律的で表層の意識のコントロールを受けない。ユングは夢が「劇的構造」をもつことを指摘しているが、それはM領域のイメージが「説話的自己展開」をなしたためと考えられる。忘れてならないことは、それもひとつの「現実」なのである。夢をどう解釈するか、というとき、ともすれば表層意識の側に立って、夢の内容を表層意識にどうとりこむかというような姿勢になる立場もあるが、筆者としては、できる限り、夢を深層意識による現実把握として、その次元においてその現実をそのままに見ようと努める。

夢を聞くときは、それが「現実」であることを忘れてはならないし、いわゆる現実の話を聞くときは、それがイメージであることを忘れてはならない、と言ってよいのではなかろうか。そのような態度でクライエントの語るところに耳を傾けることによって、クライエントの心の深層が活性化されるのである。

次に、井筒がイメージの特性の(二)としてあげた、「イメージの構造化への傾向」について述べておく。これについて井筒は「真言密教の両界マンダラやカッバーラーの「セフィーロート」構造体などのことを私は考えているのだ」と述べている。説話的展開が時間の流れと共に動くのに対して、これは「無時間的な動き、いわゆる「全体同時」(totum simul)的動き」を示す。マンダラにおいては、すべてがひとつのイメージ、マンダラ図によって示される。ここには「元型」の相互連関的な様相がひとつの構造をもって提示されるのである。

夢や幻覚、幻像《ヴィジョン》などによって、このようなマンダラが見られることもあるし、絵画、箱庭などの表現に示されることもある。従って、心理療法において、絵画や箱庭などが用いられる。しかし、だからといって、マンダラ類似のものを描いたり、箱庭に置いたら「治る」などという馬鹿げたものではないことは、以上の議論からも明らかであろう。そのような表現が心の深層から自己顕現的に浮かびあがってくるときにのみ意味をもつのであり、表層意識によって記憶しているマンダラ的なものを描いてみても無意味なのである。

治療者は、クライエントの表現が意識のどのような層から生まれてきたものであるかを感得するべきである。このことはそれほど困難ではなく、表現が深い層に関係してくるほど、その表現をした者も、そこに立ち会う者も感動が深くなるのである。

絵画や箱庭は、マンダラ表現のみを重視しているのではない。それは「物語」表現でもあり得る。特にその作品をシリーズとして見るとき、そこに「物語」を読みとれることは多い。考えてみると、一枚の絵から物語が生まれることはあるし、物語を一枚の絵によって表現することも可能である。継時的な理解と共時的な理解と、この両者が可能であることが治療者としては必要である。このために、われわれは、クライエントにその箱庭作品を素材として物語をつくることをすすめたり、夢を絵や箱庭によって表現することをすすめたりするのである。このことによって、クライエントの「現実」把握の力が促進されるし、同時に、その「現実」が様相を変化させてくるのである。

このようなことを行うためには、治療者は芸術や文学作品に触れて、イメージの世界についての知見を豊かにする必要がある。妙に「芸術的」、「文学的」になるのは困るのであるが、あくまで、人間の深層意識による現実把握の表現としてそれを見てゆくことが大切である。ファンタジーという語は誤解されて、表層意識でつくりだされた「つくり話」のことと思う人があるが、そのようなものはあまり意味をもたないのである。それに接したときの自分の感動の質について、鋭敏に判断できるように訓練するべきである。

4　現実の認識《リアライゼーション》

ユングはかつて、「ファンタジーが現実を創《つく》る」(Fantasy creates reality)と言ったという〔林道義訳『タイプ論』みすず書房、一九八七年、六〇頁〕。これはこの章で述べてきたことを端的に表現している。「現実」は各人のファンタジーによって創造されているのである。いうなれば、各個人が一瞬一瞬、現実を創造しているのだ。創造は大げさであって、人間は現実を「認知」しているのだと言う人もあろう。その際、認知という言語の英語に、リアライゼーション(realization)という語をあててみると、ユングの言っている感じに近くなるであろう。それは「実現」であると共に「認知」である。現実を認知することは何らかの実現が伴うのである。つまり、糸杉を糸杉として認知することは、人間にとってひとつの実現なのである。

このような言い方をナンセンスと思う人でも、ひとつの糸杉を、「そびえたつ糸杉」と認知するか、「孤立する糸杉」と認知するか、「燃えあがる糸杉」と認知するか、となってくると、そこに個人の「実現」がかかっていることが了解されるだろう。認知には賭が伴っているのである。

本章のはじめに例としてあげた醜貌恐怖について考えてみよう。彼は自分の「目と目との間が陥没している」という「現実」を認知している。ただ、彼はその現実によって悩まされており、何とかしたいと思っている。そのとき治療者は、彼の認知が間違っている、と考えるのではなく、彼がそのような「現実」によってどのようなことを実現しようとしているのか、あるいは、このような苦悩を通じて、どのような現実を実現《リアライズ》しようとしているのか、共に考えようという態度で接するのである。

この際、彼の認知が間違っているので、「正しい」ことを教えようとしても、それは無駄である。彼はただ次から治療を受けにこないだけである。しかし、だからといって、治療者が彼の現実認知が間違っていることを指摘すると駄目と思い、それが「正しい」ようなふりをしていても、それは早晩うそがばれて駄目になってしまうだろう。そのようなことが生じないためには、表層意識においては、彼の認知は通常と異なるにしろ、深層意識においては、彼の目と目との間が陥没している事実を、治療者自身が実現《リアライズ》できていなくてはならないのである。これは実に難しいことであるが、このことができていないと知ったとき、治療者は自分自身が相当な努力を払わねばならぬことがわかるであろう。

もちろん、この際も抜け道はある。治療者が目と目との間の陥没ということ自体は認知できないにしても、表層意識と深層意識との認知のずれに苦しみ、その折り合いをつけるような生き方をまさぐる体験をしていたならば、そのような実現《リアライゼーション》をすることに伴う苦悩についてはよく知っているので、そこに焦点を当ててクライエントの発言を聴く、ということもできる。これは相当に成功する。

しかし、数回通ってきたクライエントが、「先生のところにきても意味がありません。要は身体の問題なので、よい整形外科医を紹介して下さい」と言ったとき、どのように答えればいいのか。心理療法は一瞬一瞬が勝負といってよいようなところがある。相手によって、その時期によって、そして自分自身の特性によって、出てくる答は一様ではなく、きまりきった答はない。しかし、それをある程度一般化して考えてみると、以上のようなことになり、「現実」とか「認識」とかが問題となってきて、そこでは哲学的な思索も必要になる。あるいは、既に述べたように、芸術に触れることも必要である。

ここで大切になってくることは、われわれは心理療法家であって、哲学者でも芸術家でもないということである。自分の前に坐っているクライエントに対して、意味のあることを具体的にできなかったら、その後で、哲学的解説や、文学的叙述を行なってもあまり意味がない、と筆者は思っている。哲学や文学に関心のある人は、哲学者や文学者になればいいのであって、心理療法家のまねごとをしたりする必要はないし、心理療法家が心理療法の実際を忘れて、哲学的になったり文学的になっても意味がないのである。

話は横道にそれるが、小林秀雄の友人だった青山二郎について、白洲正子が述べていることは非常に示唆的である。[2] 彼は美術品の鑑定にかけては超一流の人であったが、「人間でも、陶器でも、たしかに魂は見えないところにかくれているが、もしほんとうに存在するものならば、それは外側の形の上に現われずにはおかない」と考えていた。彼は「精神は尊重したが、「精神的」なものは認めなかった」のである。精神的なものが精神そのものを覆い隠してしまうのである。「メタフィジックな物言いは、ごまかすのにはまことに都合のいい言葉で」あると白洲は言う。

心理療法家はこのことをよくよく心得る必要がある。心理的なもの言いが、心そのものを隠してしまう。精神的、哲学的、文学的、と「的」のつくもの言いによって、自分が毎日毎日、毎回毎回、勝負しなくてはならぬ具体的なことがらをごまかしてしまうことがないように心がけるべきである。青山二郎は、「魂がほんとうに存在するものならば、それは外側の形の上に現われずにはおかない」と言う。心理療法家も、毎日接するクライエントとの間での関係という「かたち」に実現されてくることを、何といっても一番大切にしなくてはならない。それを抜きにして、有難い言葉を言っていても話にならないのである。

第一章で「自然モデル」などという表現をしたとき、治療者は何もしないでも自然に治る、と安易に受けとめられたとすれば、残念なことである。いうなれば、このモデルに従うときは、心理療法家は内的には一番多くの仕事をしなくてはならないし、心的エネルギーの消費量は一番高いと言っていいだろう。「雨降らし男」が、「道」の乱れている村を避けて小屋を立て、自分を「道」の状態にするためには、どれほどの集中力を要したかを考えてみるとよい。われわれは「道」の状態に身をおくことなどできるはずはないが、会うクライエントごとに、何らかの実現《リアライゼーション》を要請されているわけで、その仕事を怠っていては心理療法家としての成長はない。われわれ治療者は常にクライエントによって鍛えられているのである。

クライエントに会ってゆく上で、治療者側のM領域のはたらきが極めて重要となってくることは論をまたない。そのような意味で、治療者は自分自身の夢に対しても常に注意を怠らないようにしている。クライエントが夢に現われたときは、特に自分とクライエントの関係、自分のクライエント像の認知などについて示唆を受けることが多く、それについて考えてみるものである。次に示す例は、「夢のなかのクライエント像」として既に他に発表したものであるが、ここに再録する。(3) 夢を見たのは京都大学に赴任して数か月後、約二十年ほど前である。夢の記録の後に当時に自分で付したコメントも共に示す。当時は学生諸君のいわゆる「団交」がよくあり、そのことについての言及もある。このような例によって、治療者が自分自身のM領域をはたらかせることによって、どのような仕事をしているかを了解していただくと有難いことである。

夢 Aさんが今までの治療体験について、心理療法の専門家に話をすることになった。なかなかしっかりした態度である。初期の頃の体験を語り、「私がいろいろ話をしている間、治療者はただ何もせずに聞いているだけだった」と言って、僕の方をチラと見る。聴衆はわっと笑うが、これは悪い感じではなく、皆わけが解っているという感じ。Aさんも自由にいたずらっぽいコメントができるという感じだった。「ただ残念だったのは私の絵が、自分の許可なく、あちらの部屋にかけてあったことだ」と言う。このとき、その絵のかけてあるところが見えるが、その絵はドーミエの「クリスパンとスカパン」のような絵(ここでBさんの描いた絵とこんがらがってくる)だった。Aさんは、しかし、ある程度了解してくれていて、それほど強く追及するようでなかった。このとき聴衆のなかのひとり(クライエントのようだった)が、Aさんに何か皮肉なコメントをする。ところがAさんはうまい冗談でこれに受け応える。僕は嬉しくなって拍手すると、他の人々も拍手をする。このあと、場所を他に移して何かするというあたりで記憶はうすれてしまう。

コメント　Aさんの夢を見ることは非常に珍しい。ともかく今までと違った元気さが出て来たことをポジティブに思う。それにしても、Aさんが長時間にわたって自分の体験をながながと語ったという印象があり、これは実際Aさんが今やりつつあることではないかと思う。最後に場所を他に移すという点にもみられるとおり、相当新しい転回があることと思う。絵を許可なく公開したという点は、昨晩の団交で学生たちがK先生に、「患者を研究対象としているのではないか」と質問したときに、自ら反省したことと関連している。クライエントに対して、もっとも人間的な接近をしながら、それを研究対象としているという二律背反性は心理療法の大きい問題である。特に学生たちのように、それを出世の道具であるという発想でみるとき、問題はますます難しくなる。しかし、これはすべての、人格をかけた「よき仕事」につきまとうことかも知れない。ただ、このことを解き得ない矛盾として常に意識し続けることが大切と思うが。それにしても昨晩の団交のことが、すぐ夢に結びついて出てくるので、学生たちの言っていることを自分が思いのほかに正面から受け取っているのだなと思う。学生たちの追及に対しては、僕は僕なりに正面から受けとめてゆくべきだと思う。Aさんが適切なジョークを言ったこと、ドーミエの「スカパン」が出てきたことなどは、

Aさんの治療に道化的要素が必要になることを、意味しているのかも知れない。

当時の夢とそれに対する自分のコメントを省略せずにそのまま示した。Aさんとはそれまで長期にわたって治療を続けてきた。このときまでは冗談どころか笑いにはまったく縁のない人であった。Aさんの「絵」が問題になっているが、これは事実とまったく反対で、Aさんのことをそれまでに公開の場で報告したことはない。これは学生たちが、いわゆる「団交」の場で、臨床心理学者は患者を出世の道具に使っているなどと主張したのに対して、あまりに一面的で単純な発想に呆れながらも、筆者の無意識はそれを取りあげて問題にしている。

この例によって、クライエントと会うことによって、治療者のM領域も活性化され、それについて考えることは、外的事象とも関連してきて、内的にも外的にも治療者自身の実現《リアライゼーション》が必要とされることがわかるであろう。それを通じてこそ、クライエントの理解ができるし、治療も進展するのである。

注

（1）井筒俊彦『意識と本質』岩波書店、一九八三年。以下の井筒の引用は同書による。

(2) 白洲正子『いまなぜ青山二郎なのか』新潮社、一九九一年。
(3) 河合隼雄「夢のなかのクライエント像(I)」、山中康裕・斎藤久美子編『臨床的知の探究』上、創元社、一九八八年。

第三章　心理療法の科学性

「心理療法は科学であるか」という問いは、筆者にとって常に重くのしかかっていたものである。心理療法を非難する人が、心理療法のような「非科学的」なものは駄目だと言うことは多い。時には「あんな宗教的なものは駄目」と言われたりもする。つまり、宗教的イコール非科学的イコール駄目、ということになるのであろう。

筆者も若い頃は「科学万能」のような考えをしていたので、心理療法の科学性を追究することが大切だと一途に考えていた。しかし、今では後述するような考えに変ってきている。ここで特に問題にしたいのは、「科学的でないから駄目」というときの「科学的」とはどういうことかを詳しく問い返すこと、それと、「科学的でないものは駄目」という発想そのものについても考え直してみることが必要だということである。「科学的社会主義」がどのような結末を迎えたか、その「実験」の結果をわれわれは目のあたりに見ているのである。「科学的」なものは絶対正しいという単純な発想の危険性を、それは如実に示していると思われる。

1　科学の知

近代になって自然科学は急激に発展し、その効力の偉大さは、日毎にわれわれの前に示されている。筆者が子どもであった頃は、まったく「夢」に近いと思われていたことが、現在は実現されていて、人間にとって不可能なことなどないとさえ感じられるほどである。科学の知があまりにも有効であるので、現代人のなかには、「科学の知」こそ唯一絶対の知である、と思い込んでいる人もあるくらいである。特にアカデミックな分野では、社会科学、人文科学などの用語が示すように、「科学」であることを主張することによって、その存在理由を獲得するような傾向さえある。

近代科学の知の本質について、哲学者の中村雄二郎は次のように的確に把握している。「それは物事をすべて対象化して、自然的事物としてとらえる捉え方であり、その特色は物事からそれがもつ感覚的でイメージ的な性格をとり去って、一般に対象を経験的で分析的にとらえることにある。(1)」そして「物事や自然をそれ自体で完結したものとみなすとき、それらは私たちとの生きた有機的なつながりを失う。象徴的、イメージ的、多義的なものではなくなり、一義的で明白なものになっていく。またそこでは、当然、自然についてのことばも表現的ではなくなって、記述的、分析的になる」のである。

科学の知においては、世界や実在を「対象化して明確にとらえようとする」。これは、対象と自分との間に明確な切断があることを示す。このことのために、そこで観察された事象は観察した人間の属性と無関係な普遍性をもつことができる。ひとつのコップを見て、「感じがいい」とか「これは花をいけるといいだろう」とか言うときは、コップとその発言者との「関係」が存在し、その人自身の感情や判断がはいりこんでいる。つまり、コップとその人との間の切断が完全ではない。このため、そのようなコメントは誰にも通用する普遍性をもち難い。これに対して、コップの重量を測定したりするとき、それは誰にも通じる普遍性をもつ。

この「普遍性」が実に強力なのである。それがあまりにも強力なので、客観的観察ということが圧倒的な価値をもつようになり、「主観的」というのは、科学の世界のなかで一挙に価値を失ってしまう。そこで、他の科学に遅れて出てきた「心理学」も「科学的」であろうとして、近代科学の方法論をそのまま踏襲し、実験心理学をつくりあげる。実験心理学は従って、人間の「主観」をできる限り排除することに努め、人間の意識という厄介なものは対象外にしめ出して、もっぱら人間の行動について研究しようとした。かくて

「意識なき心理学」などと言われるような心理学が、心理学の主流となって発展する。実験心理学が自ら標榜するような「科学性」を有しているかについて、厳しく反省してみることも必要と思うが、ここではそれには触れない。ともかく、実験心理学が近代科学の方法論を用いて、人間の行動を研究していることは認めることにしよう。

ここでひとつの例をあげる。印象的だったので他にも述べたことがあるが、学校へ行かない子どもを連れて相談にきた親が、「現在は科学が進歩して、ボタンひとつ操作するだけで人間が月まで行けるのです。うちの子どもを学校へ行かせるようなボタンはないのですか」と言われたことがある。これだけ科学が発達しているのに、ひとりの子どもを学校へ行かせるだけの「科学的方法」はないのか、というわけである。

この言葉は非常に大切なことを示している。つまり、ここで「科学的」方法に頼るとするならば、父親と息子との間に完全な「切断」がなくてはならない。既に述べたように、近代科学の根本には対象に対する「切断」がある。しかし、この親の場合はあまりにも極端としても、われわれは他人を何らかの方法によって「操作」しようと考えることが多いのではなかろうか。つまり、自然科学による「操作」があまりに強力なので、人間に対してもそれを適用しようとするのである。しかし、もしそのように考えるならば、その人は他からまったく切断され、完全な孤立の状態になる。

現代は孤独に悩む人が多いが、そのひとつの原因として、自分の思うままに他人を動かそうという考えに知らぬ間にのめり込んで、結局のところは人と人との「関係」を失ってしまっていることが考えられないだろうか。相談室に訪れる多くの人に対して、「関係性の回復」ということが課題になっている、と感じさせられるのである。

「関係性の回復」はどうしてなされるのか。これに対して中村雄二郎は、われわれは科学の知のみではなく「神話の知」を必要とする、というのである。中村は「神話の知の基礎にあるのは、私たちをとりまく物事とそれから構成されている世界とを宇宙論的に濃密な意味をもったものとしてとらえたいという根源的な欲求」であろうと述べている。

例をあげて考えてみよう。古代ギリシャにおいて、太陽を四輪馬車に乗った英雄のイメージとして人々が捉えていたとき、彼らは太陽が球体であることを知らなかったのではない。彼らは太陽が球体であることを知っていた。それではなぜそのようなイメージをもつのか。その方がはるかに彼らと太陽との「関係性」が深く濃くなるのだ。つまり、彼らが「仰ぎみる」太陽や、それが朝に上昇してくるときに受ける「感動」などをもっとも適切に表現しようとするとき、太陽を英雄像としてみるという「神話の知」が意味をもってくるのである。

ユングはアフリカに旅行したとき、朝日を拝む部族の人々に対して、昼間に太陽を指さして、あれが神かと訊くが誰も肯定しない。そのような問答を繰り返した後に、ユングは彼らにとって、朝日が昇ってくる「光の来る瞬間が神である。その瞬間が救いを、解放をもたらす。それは瞬間の原体験であって、太陽は神だといってしまうと、その原体験は失われ、忘れられてしまう」[2]と気づくのである。太陽を自分から切り離した対象として、それが神であるか、神でないのか、という問いを発しても、アフリカの人々には問いそのものが理解されないのである。朝日が昇ること、そのときの自分の内的体験、それらは分かち難く結びついていて、全体としての体験が「神」と名づけられるのである。そのような人が「孤独」に悩むことはあり得ないのである。

人間は長い間、神話の知を科学の知と、とりまちがうという誤りを犯してきた。それが多くのいわゆる「迷信」というものである。啓蒙主義はそれらの多くの迷信を壊してくれたが、それと共に「神話の知」まで破壊しようとした。その結果、われわれ現代人は、科学の知を神話の知ととりちがえる誤りを犯していないだろうか。そのような点について、次に考えてみたい。

2 深層心理学の本質

第二章に醜貌恐怖の例を示したが、その際、何といっても大切なことはその本人が現実をそのように認識しているということである。本人の主観を問題にせずに、解決を見出してゆくことは難しい。治療者はクライエントの主観を大切にし、当人の報告に頼るしか仕方がないのである。そのことが科学であるかないかを問題にするより先に、ともかくどうすればその人に役立つことができるかを考えねばならない。

このとき本人の報告に従ってゆくが、報告する本人が語っているのは自分自身の主観の世界であり、ここでは観察者と被観察者が同一人物になっている。つまり、近代科学において重要とされる、両者間の「切断」はあいまいになってくる。しかし、何といっても、クライエント自身が自分の症状について、あるいは、自分の生き方についてどう考えるかが重要であるので、他者がそこに簡単には介入できないものがある。

深層心理学を創始したフロイトにしろユングにしろ、その理論構築の背景に、彼ら自身の自己分析の経験があることを見逃してはならない。後にエレンベルガーが「創造の病い」と呼んだ、心の病いをフロイトもユングも自ら体験し、それを克服してゆく過程において、彼らの理論をつくりあげたのである。フロイトがフロイトの心を対象とし、ユングがユングの心を対象として分析をする。そのとき、両者共に心を層構造に分けて考えるのが自分たちにとって好都合と考え、その深い層に対して「無意識」と名づけたのである。自分の通常の意識の状態は把握されている。しかし、自分の把握していない心的過程が存在すると考えると、自分の症状や生き方などを検討する際に好都合なのである。彼らにとって、自分自身のなかに「無意識」を発見したことが重要な意味をもつことになったのである。

以上のことを踏まえて、筆者は深層心理学の本質は「私の心理学」であると言っている。つまり、私が他人のことではなく私について研究する心理学なのである。ここで、「主観の心理学」という言い方をしないのは、一般に主観と言われていることよりも、ここで言う「私」は広いという認識があるからである。

深層心理学は従って、ある人が自分自身について探索を試みるときに有効であるが、他人に「適用」すると変なことが生じてくる。たとえば、誰かに対して、「あなたは攻撃性が強い」と言い、その人が肯定すればもちろんそれでよい。もしその人が否定した場合、「あなたは抑圧が強いので、攻撃性について無意識なのだ」と言えばどうなるだろう。このとき、その人物は抗弁ができなくなる。自分が攻撃的でないことを立証する手段がないのである。このような検証可能性のないことは、科学とは言えない。

深層心理学は自然科学ではない。だから、それはまやかしであるとか、フロイトやユングは自分勝手なことだけを述べている、と言うのは結論の急ぎすぎである。彼らの言っていることは、ある程度の普遍性をもち、また有効なものである。ただ、それがなぜ、どのようにしてか、という点について明確にしておくことが必要なのである。

深層心理学は「私の心理学」であると述べた。しかし、それが単なる内省の心理学でないことにまず注意すべきである。通常の意識で考えたり感じたりする範囲をそれはこえている。フロイトはそのために夢や自由連想を用いたし、ユングは夢や、後に開発した能動的想像(active imagination)の方法を用いた。いずれにしろ通常の意識状態とは異なるのである。このような試みをすると、特にユングの強調したことであるが、その対象とする夢や能動的想像、あるいは患者の妄想内容に、個人的要因を超えた普遍的な様相が見えてくるのである。彼はそのために、客観的心的領域(objective psyche)という考えを導入した。つまり、心の深層は個人的なものが消えて、万人共通の性質を帯びると考える。あるいは、もう一歩踏みこんで、心の深層は集団によって共有されており、深くなるほど普遍性が高くなると考えるのである。それは四二頁にあげた井筒の図式によると、Ｂ領域ということになるだろう。

この場合の普遍性と、自然科学の場合の普遍性とは異なることに注意しなくてはならない。自然科学の場合は、いわば「私」抜きの普遍性なので、それはその対象に対していつでも適用できるのである。しかし、深層心理学の場合は「私」から出発している。対象が深くなることと、それをできる限り客観的に見ようとする「目」の存在とによって、それは「私が私の心について考えるときに役立つ普遍性」をもつのであって、単純には他に「適用」できるものではない。それに、その報告はあくまで個人の意識を通じてなされるので、その個人の在り方に影響されざるを得ないのである。

観察する個人の意識の在り方による差が生じてくるので、天才的な人ができる限りの客観性と普遍性とを狙って深層心理学の体系を築こうとしても、そこに、唯一の正しいものができるはずがなく、いろいろな学派が生じてくる。厳密に言えば深層心理学は一人一人が各人の深層心理学を築くべきだと言っていいのかもしれない。事実、ユングの深層心理学はそれほど体系化されているものではない。通常の意識以外に心のはたらきが存在し、それらは夢その他の通常以外の意識状態の在り方を通じて探索できること、そこに生じる現象は通常の意識にとって不可解であっても、すべてをそのまま受けいれてみると意味が生じてくること、深い心の層の現象は相当な普遍性をもっていることなどを前提にして、ユングという天才の行なった研究の結果を極めて重視するにしても、彼の言うことをすべて、真実と考えるわけではない。特に彼とは文化圏の異なるところに育った筆者としては、そのように思っている。記述する言葉も異なるし、観察する意識の在り方も異なっている。しかし、それらの相違をできる限り意識化することによって理解を深めることはできるのである。

フロイトもユングも自己分析を試みたとき、それぞれそれを聴いてくれる人物がいたことが大きい助けとなっている。フロイトにはフリースが、ユングにはトニー・ウォルフという聴き手がいたのである。ある程度の客観性を保持しつつ自己分析を行なってゆくためには、それを支え、理解してくれる人が要る。分析家はそのような役割をもっているのである。つまり、クライエントが自己分析を行うのを援助するために傍にいるのが分析家なのであって、既成の理論を「適用」するためにいるのではないのである。

この際、分析家と被分析者との関係は、自然科学における観察者と対象との関係と異なり、「切断」を行うのではなく、むしろ、主観的なかかわりを大切にするのである。このとき、分析家が相手と同一化してしまっては、混乱してしまう。さりとて、まったく相手から切断された客観性をもつと、分析は進展しないのである。

たとえば、次のような例がある。幼稚園に入園してきたが他の子と遊ばず、ほとんど発言もしない子どもがいた。心理学の好きな保母さんが知能テストをすると、ＩＱ65であった。知能が低いし、これだと皆とまじわってゆくのは困難と判断した。それ以後、一年間の経過を見ていると、まったくそのとおりであった。この場合、「自然科学」的方法論で考えると、何の誤りもない。客観的測定、測定結果による予測、予測の的中、ということになって、まさに科学的に現象が把握されていることになる。

このような考えの大きい問題点は、まず、「客観的測定」という態度が測定結果に影響を与えていることに気づいていない。人間を固定した存在として、測定値を不変のものと考えて、そのように対処している。そのような態度が一年間のその子どもの行動に影響を与えていることに気づいていない、ということである。

心理療法的接近の場合は、むしろ、冷たい客観的態度ではなく、可能性に対して開かれた態度を取る。しかし、このことはテストのときにそれとなくヒントを与えたり、点を甘くするのとは異なるのである。そのような「甘さ」を期待してくる人は、時に心理療法家の態度を「冷たい」とさえ感じる人もあるようだ。心は可能性に対して開かれ、相手に共感する態度をもちつつ、なお、それらを全体として客観視する目をもっていないと駄目なのである。

少し話がそれたが、以上のような態度で接すると、ＩＱの点は少し変ったかもしれない。あるいは点は同じでも、それは子どもの緊張の強さによるもので、可能性としてはどのくらいあるかが推察されたであろう。そして、何よりもそれ以後、子どもを固定した存在として捉えずに、期待をもって接してゆくと行動は改変されていくはずである。われわれはしばしば、遊戯療法の過程のなかでそのようなことを体験している。

深層心理学は「私の心理学」である。私が私を対象として研究するのだが、そのときにその傍に他者が存在する方がはるかに効果的であり、その他者は「客観的観察者」ではなく、あくまでその道を共にし、共感しつつ、自らも自分の心の深層に開かれた態度で接してゆくと、効果的であることが明らかになった。これは確かに近代科学の方法論とは異なっている。しかし、だからといってこれを「科学」ではないというのは早計ではなかろうか。

自然科学はもともと自然の現象を解明しようとして生まれてきた。それが、近代になって既に述べたような方法論が確立されたのは、それがテクノロジーに結びついて、「もの」を人間が操作してゆく上でもっとも効果的な方法であるので、われわれはそれを採用してきたのである。しかし、相手が「生きた人間」であるとき、既に例をあげて示したようにその方法論はむしろマイナスにさえなってくる。このことをわれわれは重大なこととして取りあげねばならない。本章の最後に考察するように、近代科学の見直しが迫られているのである。

以上のような深層心理学への考えを抜きにして、それを単純に近代科学の一部と考え、その理論を安易に「適用」しようとする人がいる。もっとも「適用」された側の人が、それをすぐ、わがこととして受けとめ、それをヒントとして自己探求の道に歩むときは、それは有効となる。たとえば、子どもの問題で来談したときに、母親の「無意識的な権力への意志の抑圧」がその原因だと言うと、母親が、はっとしてそれを受けとめて変ってゆく努力を続け、問題が解決したとする。そのときに、ほめるべきは相手の一言を契機として自己改変の努力を続けた母親ではなかろうか。それを不問にして、「私の一言によって、問題が解決した」と喜ぶのは、専門家ではない。

多くの場合は、それほどの素晴らしいクライエントはこないので、こちらが一言いおうが二言いおうが何の変化もないであろう。そのような人と共に自己探求の苦しく長い道程を共にしてゆくのが専門家なのである。深層心理学の知識をふりまわして、それに悪いことには権力が加わって、親、教師、医者、そして時に治療者を自任する者までもが、相手を裁断することにのみ用いているとしたら、非常に残念なことである。それらは心理療法の「専門家」ではないことはよく知っておかねばならない。

3 因果律の効用と害

近代科学の強力なところは、現象を因果律によって把握する点にある。しかも、それが普遍性をもつので、「――すれば――となる」という法則が成立して、それがテクノロジーと結びつくと、現在われわれが自分の周囲に見るような便利で能率的な機器をたくさん所有することができる。つまり、人間が自然を支配できるのである。現象の因果的理解というものは、人間にとって非常に便利なものである。従って、われわれは何につけても因果的にものごとを理解しようとする傾向が強く、何か不思議なことや不可解なことがあると、「原因は？」とか「理由は？」とか訊いて、答を得ようとする。

第一章において、心理療法の理想像とも言えるものとして「自然《じねん》モデル」ということをあげた。そこでは事象の因果的把握の態度が放棄されている。雨降らし男は、旱魃の原因は何かと考えたわけでもなく、雨を降らすには、「――すると雨が降る」という考えによって何かをしようとしたわけではない。彼はひたすら自分を「道」の状態にもってゆこうとしただけである。そして、その後も、「自分が「道」の状態になったから雨が降った」とは言っていない。彼は自分が「道」の状態になることと、雨が降ることとが共時的に生じたと考えているのである。

「雨降らし男」の話はあんまりだ、と思われる人に対しては、前節に述べた深層心理学のことについて考えてみることにしよう。既に述べたように、治療者はクライエントに対して理論を適用するのではなく、クライエント自身が自分の心の深層を探索するのを援助するのだと述べた。その際、治療者はクライエントの問題を因果的に把握することを放棄し、クライエントに対して心を開いて会うことになる。そうすると、クライエントが自ら「治る」力を発揮しはじめ、自ら考えて、そこではその人なりの現象の因果的把握が行われるかもしれない。しかし、そのような動きが発動してゆく以前の、根本的なところに、治療者の因果律にとらわれない態度があることを見逃してはならない。

あるいは、次のような例をあげるともっとわかりやすいことであろう。子どもが窃盗を重ねる。そこで担任教師は家庭訪問をして、父親がアルコール依存症ではたらかず、母親はパートタイムの仕事をしているが、家計は苦しい。子どもは小遣い欲しさに窃盗を重ねている。ここで、教師は「原因は父親のアルコール依存症である」と考える。ところが、父親は医者にも治療者にも会いたくないと言う。従って、教師としては「仕方がない」とあきらめることになる。

われわれはこのような例にしばしば接している。筆者はこのようなことを端的に表現して、因果律的思考はしばしば「悪者探し」に終る、と述べている。そして、このような悪者探しは単に「担任の責任ではない」という責任逃れとして用いられていることも多い。多くの人たちがいろいろ悪者探しや、時には悪者のなすりつけ合いの競争をして、結局は「悪いのは文部省」などということに落ちつくことがある。筆者が強調したいのは、そのような考えが、正しいかどうかということではなく、窃盗をせざるを得ない状況に陥っている子どもに、今われわれが何ができるのかという点でまったく無力である、ということである。そんなことを考えるよりも、その子どもの傍に、期待を失わず可能性を信じていることが、遅いようでももっとも早い解決策である、と筆者は考えている。

それでは因果律的思考は、害を及ぼすだけであるのか。そうではないところに、「人間」という存在の難しさがある。たとえば、先のような例で、「父親が原因だ」と考えた担任教師が、「お父さんは、自分の子どもを泥棒にしてよいのか！」とばかりに、目の前にあった酒びんを投げてこわし、取っ組み合いの後で、父親がまったく変化し、酒をやめてはたらくし、子どももちろんよくなるし、といった美談があるのも事実である。筆者は幸いにも、これまでずっと現場の教師の人たちとの接触を続けてきているので、このような感動的な話をよく聞かしてもらっている。

ここで少し頭を冷やして考えてみよう。「父親がアルコール依存症になると、子どもは窃盗をする」、もう少し一般化して、「父親がはたらかずにいると、子どもは非行化する」という法則は、物理学の法則と大いに異なるものである。物理学の法則は既に述べたように普遍性をもち、他に適用できる。しかし、前記の「法則」はそれほどの普遍性をもたない。父親がアルコール依存症であったり、はたらかないでいたりしても、立派に育っている子どもは存在している。そうすると、このような理解はまったくナンセンスであるのか、先の例で、このような理解に基づいて父親に迫り成功した場合をどう考えるのか、ということになる。

これに対して、筆者は次のように考える。この例が成功したのは、担任教師の全存在がそこに賭けられたこと、それを受けとめられるだけの潜在性を父親がもっていたこと、が非常に大きいと思うのである。変化が生じるためには、誰か一人の人間の強力なエネルギーがそこに流れることが必要である。そのとき、人間というものは因果律的思考が好きなので、「父親が原因」という考えが、その人の心的エネルギーを流しこむ「水路」としての役割を果したと思うのである。しかし、ここで父親の方にそれを受けて立つ潜在力のない場合は、せっかくのエネルギーの流れもからまわりとなり、結果としては何の変化もなく、父親が担任を無茶なことを言う人として恨むというだけに終ることにもなる。

これでは駄目だというので、子どもを呼びだして心理療法をすることになり、子どもの傍に黙って坐っていることにする。子どもは退屈して次からこないというだけの結果になるときがある。それは、そこに治療者が存在を賭けられないからである。非因果的事象の理解、というのは単純な手段も目的ももたない、というのに等しい。そこに全力をつくすのは非常に困難である。そのことを思うと、「正しい」あるいは普遍的法則ではないにしても、ある因果法則に頼って自分を賭けている方が、はるかに効果が生じてくるのである。ただ、それはいつでも成功するとは限らず、危険性も伴ってくることを覚悟していなくてはならない。あるいは、結果的には自分以外の誰かを「悪者」にすることによって終るだけにもなってしまう。

事象の非因果的連関を読みとる能力をもつことは、心理療法家として非常に大切なことである、と筆者は考えている。そして、偽の原因―結果という思考に支えられるのではなく、因果律的思考を放棄してなおかつ自分の存在をそこに賭けることができるようにしたいと願っている。願っているというのは、そのことが簡単に意志によって遂行できるとは思っていないからである。しかし不断の修練によって少しずつそれは可能になってゆくと思っている。そのような意味では努力の積み重ねではあるが、その努力が常に無意識にも開かれた態度によって支えられていなければならない。心理療法家の訓練のひとつとして、これは大切なことである。

ところで、先の例において、父親と話し合っていると、父親自身が「自分のはたらかないことが原因で子どもが窃盗するのだと思う」と言った場合はどうすればいいだろう。そのときは他人が因果的法則を勝手に適用したのではなく、本人がそのような現実把握に従って、自分のことを考えようとされているのだから、治療者はその線に沿って従ってゆけばよい。しかし、その際もあくまで、本人の自主性を尊重し、その動きについてゆくのであり、相手が「自分が原因です」と言ったことに対して、単純に「同意」して喜んだりすると肩すかしを食うことになるだろう。

4　人間の「科学」

人間を対象としても、人間存在を心と体とに明確に分け、人体を対象としてその現象を研究するときは、近代科学の方法を用いて相当に研究成果をあげることができる。あるいは、人間の心の研究においても、そこに条件を設定して行えば、近代科学の方法が用いられる。しかし、人間を一個の全体的存在として見てその現象を研究しようとするとき、観察者と被観察者との「関係」を不問にすることはできないし、既に述べてきたように、その関係の在り方を利用してこそ研究が進むと考えられるのである。ここで、その研究方法が近代科学のそれと異なるので「科学ではない」、従って「駄目」であるときめつけるのは、あまりにも早急であると思われる。既に何度も繰り返しているように、近代科学の方法はこの際、無力なのである。

ここで心理療法が行なっていることを、何と表現するかという問題が生じてくる。中村雄二郎は近代科学の方法論による知を「科学の知」と呼んでいるので、それと区別するために「臨床の知」という用語を用い、その意義を強調しようとしている。他方、生命科学の研究者である中村桂子は、「生命誌」という言葉を用い、生命科学の研究はむしろ、「生命誌」の研究へと発展してゆくべきだと述べている。以下、中村桂子の言葉を引用する。(3)

> 徹底的に分析していった結果、その向うに見えて来たのは、すべてを一つの要素に還元するという世界ではなく、とうとうと流れる時間が描き出す物語りだったと言えます。これは、生命科学だけでなく、物理がまさにそうです。フラクタルなどの現象、そして前にも述べた宇宙論への関心。自然の解析がかなり進んで断片的な知識ではなく、生きものについて、地球について、宇宙について語れるようになったという状況と、自然は分析的に見ても決してその本質を見せてくれるものではなく、そこにある物語を読みとらねばならないのだ、という認識とが重なり合ってきたと言えないでし

ょうか。

生命科学の最先端に位置する科学者がこのように述べていることは、まさに注目すべきことである。生命について「科学」するよりは「物語る」ことが価値がある、と述べているのである。「物語」とは、それを語る語り手の主体的関与があって、はじめて成立するものである。

中村桂子の主張は明らかに科学の今後の在り方についての提言であり、このようなことを踏まえて言うと、これをむしろ「新しい科学」として考える方がいいように思われる。というのも、心理学の領域ではまだまだ「科学」絶対の感じが強く、心理療法は科学ではない他のものであるという主張をすると、それだけで無価値と受けとられかねないので、心理療法の目指しているものは、人間を対象とする「科学」の一分野であり、それは近代科学と方法を異にしていると言う方が、受けいれられやすいと思うからである。名前などどうでもいいようなことであるが、このように考える方が他領域のことを考える上でも便利だと思われる。

人間を対象とする、と述べたが、その際、人間を生命あるものとして全体的に見るのであり、そのことによって、対象を「客体」として冷たく突き放すのではなく、中村雄二郎の言うように「相互主体的かつ相互作用的にみずからコミットする」態度によって、現象にかかわるのである。このことから、中村は「普遍主義の名のもとに自己の責任を解除しない」という特色を指摘している。これは極めて重要なことであり、心理療法の個々の場面において、たとえば、自殺するという人をとめるのかとめないのかというとき、「自殺は必ずとめる」という「普遍主義」の名のもとにそのことを行なっても、効果がないときや、後に悪影響を及ぼすことになったりする。あるいは、時にあるように、「自殺するという人間に限って、ほんとうに死ぬ奴はいない」などという誤った「普遍主義」の名によって行動して失敗してしまった人もある。このようなとき、心理療法家としてはある程度の一般原則に通じていなくてはならないが、何よりも「自己の責任を解除しない」態度をとることが必要なのである。

生命あるものとしての人間を扱う科学としては、医学をはじめ看護学、家政学、保育学などがあるが、医学においては、近代科学の方法による西洋医学が目覚ましい発展をしたために、「生命あるものとしての人間」が対象であることが、時に忘れられそうになる。医学と言うのに抵抗があるならば、「医療学」は、これまで述べてきた心理療法の世界に近くなってくるであろう。それはともかく、ここにあげた、看護学、家政学、保育学などが、これまで「女性」のものと何となく考えられてきたことは興味深い。心理療法を筆者が学びはじめようとしたとき、他の心理学領域の人が「そんなのは、男一匹のすることではない」と言ったことがあるが、これも同様の発想であろう。

ところが、看護学、家政学、保育学などが大学内のアカデミズムに「学」として認められるとき、あまりにも近代科学の方法論に従おうとしたため、確かにそこにある種の「学」は成立したものの、「看護」、「家政」、「保育」などの実態と離れたものになりがちとなって、「学者」と「現場」とが遊離していないだろうか。これは、生きた人間を対象とする科学にあっては、男性原理も女性原理も必要とするはずなのだが、近代科学(それを行使する近代自我)が、あまりに男性原理優位であるために、生じてきたことであると思われる。これは、今後「人間の科学」を発展させてゆく上において、心理療法がここにあげたような他領域と共に協力し合って進んでゆく際に、心得ておくべきことと思われる。

人間の「科学」として主張するためには、事象を記載し、そこに何らかの「法則」を見出すことが望ましい。ただ、その際に、その事象に観察者の主観が組みこまれている、という困難な事情がある。このような主体の関与を前提とするとき、「物語る」ということが、もっとも適切な表現手段になると思われる。「はなす」に対して「かたる」を考えてみると、後者の場合の方が何らかの「筋」をもっている。その「筋」はそれを「かたる」人が構成したものであり、いうなれば何らかの「理論」をそこに潜在させているのである。

このように言うと、いかにも恣意的な感じを与えるかもしれないが、そのような「物語」がどれほどの人々にどのように受けいれられるか、ということによって評価されてゆくのである。

そんなのは科学ではない、と言いたい人に対して、「生命誌」を主張する中村桂子が引用している、ノーベル化学賞受賞者ピーター・ミッチェルの「科学は客観的真理と誤解されている。しかし、科学は実在の世界(第一世界)を個人の心の世界(第二世界)が描いた社会的な表象(第三世界)にすぎない」という文章を紹介しておこう。もちろん、ここで心理療法の場合は、心の世界を心の世界が描こうとしているという二重性がある故に問題は難しくなり、それ故にこそ「物語」がますます重要になってゆくのである。

以上述べてきたことは、わが国で「ニューサイエンス」と呼ばれる、ニューエイジ科学運動の主張とも重なり合うところがあるのは事実である。筆者はそのような動きと、時には同調しつつ、それでもある程度の距離を保つようにしてきている。それはいかなる「運動」や「イズム」も、教条的になってしまうのでその点を警戒しているためである。「科学」である限り、自分の立っている根本的前提を意識し、それを疑い続ける姿勢を保持するべきだと思うからである。ただ、中村雄二郎の言葉にもあったように、人間の科学においては、研究者が「みずからコミットする」ことが必要であり、疑いつつコミットする、あるいは、コミットしつつ疑う、という姿勢を保つことが必要なのであろう。

注

(1) 中村雄二郎『哲学の現在』岩波書店、一九七七年。以下中村雄二郎の引用は特に断らない限り同書による。

(2) ヤッフェ編、河合隼雄／藤縄昭／出井淑子訳『ユング自伝』2、みすず書房、一九七三年。

(3) 中村桂子『生命誌の扉をひらく』哲学書房、一九九〇年。

第四章　心理療法と教育

心理療法は教育とも深い関係にある。現在の教育の現場では実に多くの心理的問題に悩む子どもたち——そして教師たち——をかかえている。最近では特に不登校の問題がジャーナリスティックに取りあげられ、一般の注目を浴びている。子どもが学校に行かない、ということは親にとってたまらないことなので、どうしても解決を焦ることになるが、後にも述べるように、文化・社会的要因に加えて、そこの家庭の要因も重なっている問題なのだから、それほど簡単に片づくはずがないのである。単に、一人の学校へ行かない子を行かせる、ということをこえた大きい課題がそこに存在し、それは教育の根本問題にまでつながってくるのである。

教育のことは、もちろんその制度や行政や、哲学的原理やいろいろの角度から考えねばならぬことであるが、本章ではあくまで、心理療法との関連において考えることにする。あるいは、心理療法家として教育をどのように考えるのか、現在のわが国における学校現場の教育とどうかかわるのかなどについて考えたいと思う。

筆者は大学卒業後、僅か三年間ではあったが中・高校併設の私立校の数学教師を務めた。この経験が教育現場のことを考える上で役に立っているし、大学奉職後も、常に幼、小、中、高、の教師の人たちとの接触を絶やすことなく現在に至っているので、教育のことを考えるのに有利な立場にあると思っている。最近、一九八八年には、京都大学教育学部に大学院の独立専攻として、「臨床教育学」講座を創設したので、教育現場との交流はますます密になってきている。これらの経験を踏まえて、教育について考えてみたい。

1　教育をどう考えるか

教育という文字は、教と育に分解することができる。それに、「育」という文字は、自動詞にも他動詞にも用いられる。

教える
育てる
育つ

と並べてみると、教育ということのもつ深さが端的に示されているように感じられる。学校ではいろいろなことを「教え」ねばならない。しかし、それを可能とするためには、子どもがある水準にまで「育って」いることが必要である。教えることに焦りすぎても、子どもがそれを受けいれられないときは無意味になってしまう。

特に「教える」内容が知的なことではなく、生き方全体にかかわること、学校内で生徒指導と呼ばれていることになると、「育てる」、「育つ」の意味の重要さが感じられる。煙草を吸っている高校生は、未成年者は煙草を吸ってはならないことを「知らない」ので、そのことを「教え」てやれば問題が解決する、というのではない。まったく勉強せずに怠けて学校にこない子どもも、子どもは学校に行くべきだ、と「教える」ことによって、その問題が解決したりするわけではない。つまり、そのような子どもをどのように「育てる」のかが大切なこととなってくる。

このように考えてくると、これまで心理療法の根本として述べてきた、その本人の潜在的可能性が育ってくるのを待つ、という態度が、教育現場においても極めて重要になることが了解されるであろう。事実、学校において、いわゆる「問題児」と呼ばれている子どもに筆者も数多く会ってきたし、多くの心理療法家が面接し、効果をあげてきている。極端な場合は、来談した子の話を黙って聴いているだけでよくなってゆく。あるいは遊戯療法の場合であれば、文字どおり遊ぶだけである。ただ、話を聴いたり、遊んだりするときの心理療法家の根本的態度によって状態が変化するのであり、それは通常の雑談や、遊びとは次元を異にするのである。

心理療法によって、子どもの行動が改善されたとき、「どのような指導をされたのですか」と教師や親から質問されることがよくある。大人は一般に「指導」するのが好きである。「指導」によって人間が簡単によくなるのなら、自分自身を指導することからはじめるとよい、と思うが、それをせずに、子どもの指導をしたがるのだから、ナンセンスである。しかし、指導をしたがる気持は非常によくわかる。そうすると、「指導する者」と「指導される者」という区別が明確になり、その上、指導の効果があがると指導者がよかったことになるし、指導される者がなかなか指導に従わないときは、「せっかく熱心に指導してやっているのに」、悪いのは生徒の方だということになって、教師の立場は安泰になるからである。これは外見的には「教育的」に見えるのだが、真の意味での教育と言えないのではなかろうか。

教育というときに、動物を訓練し、しつけるというイメージと、植物を育てるというイメージと両方がある。どちらも大切なのだが、一般に植物イメージで考えることの方は忘れられがちのように思われる。土壌と太陽の光とがあれば、植物は自分の力で育ってくる。このときに、人間は植物の芽をひっぱったり、つぼみを無理に開いてみたりしてはならない。ここで、土壌や太陽に相当するのが、教師あるいは親などの、その周囲に存在する人々の暖かい、待つ心である。これは迂路のように見えて、結局は一番の近道なのである。熱心に教育しようとする人によって、芽をつみとられたり、つぼみを台なしにされてしまったような子どもの例を、われわれは数多く見てきたのである。

もちろん、教育において「教える」ことが重要であることは論を待たない。しかし、ただそれのみで、全体の状況を見ることを忘れると、かえって害を及ぼすことにもなるのである。それに、教師は既に述べたような理由で「教え」たがる傾向が強いので、心に植物のイメージを描いたりして、ゆっくりと育つのを待つことを練習しなくてはならない。植物にも肥料をやることは必要であるが、あまりに多く与えすぎたり、根もとに与えすぎたりすると、根が腐って駄目になってしまう。このことも教育者としてはよく心得ておくべきことである。

教師がいわゆるカウンセリングかぶれになると、教育の場において、まったくの自由を生徒に与えるべきだと考えたり、絶対教えないことをモットーにしたりして、生徒の「自主性」を尊重する教育であると言ったりするが、それも好ましくない。心理療法の場面は、時間や場所などというはっきりとした枠をもち、その枠内での自由が許されているところに意味がある。人間は自由の恩恵にあずかろうとするときは、そこに何らかの枠がないと駄目なのである。枠のない自由は人間を深い不安に陥れたり、無意識に自分を縛る枠をつくったりして、意味のある結果は得られないのである。また、学校でいろいろ教えることがあるのは当然で、実のところ、心理療法場面においても「教える」ことが必要なときもあるのだ。心理療法は根本的には「育つ」ことに焦点を当てているが、ある程度の段階に達すると、治療者は「教える」ことが必要となることもある。

特に最近では家庭教育があまり行われなくなったり、地域社会のもつ教育的機能も弱くなっているので、「常識」を知らない若者が多い。大学ではそれらの「教育」はクラブの先輩によって行われることが多く、時にそれは相当に歪んだものとなっている。このようなことのため、心理療法家が「常識」の教育をしなくてはならないのである。このことは、すべてを常識によって判断すべきだと言っているのではなく、一応の常識を知っていてこそ、個人の独自の判断というものが生かされてくることが多いと思うからである。心理療法家だからといって常識的な生き方をするべきだなどということもないが、やはり、常識というものをよく知っている必要はあるだろう。

2 教育現場の問題

心理療法の考えがわが国の教育現場に取り入れられていったのは、ロージャズが初期に主張した非指示的《ノンディレクティブ》カウンセリングの主張によるところが大きい。前節にも記したが、「教え」たり「指導」したりするのが好きな人が多い教師に対して、「非指示」の有効性を説く考えがもたらされたので、実に衝撃的でもあった。それは従って、それなりの意味をもったが、やはり初期の浅い理解と関連して、教育界において、「補導かカウンセリングか」というような対立的な捉えられ方になってしまったのは残念なことであった。補導派は生徒を「厳しく取り締る」ことが必要であり、カウンセリングは「甘い」と攻撃するし、カウンセリング派は補導を「生徒の自主性を奪い」、「形式だけを整えようとする」と攻撃する。これはあまり建設的な論争にならなかったようである。

このような単純な二者択一の論理で、教育の問題が解決するはずがない。教育というのはあくまで「人間」が対象であり、既に何度も繰り返したように、生きた人間を相手にすると、単純で整合的な論理によっては、ことが運ばないのである。人間のことがかかわってくると、多くの場合、「あれかこれか」ということではなく「あれもこれも」という考えの方に軍配があがり、後者は何といっても実際に行うのが困難なことなのである。補導かカウンセリングか、などという問題の立て方ではなく、一人の生徒に対して教師はいかにして「厳しく優しく」接しられるか、規則を守りつつ自由を確保するように接しられるか、を考えるべきである。

不可能な理想論を述べているように思われるので、実際に即して言えば、人間というものはその人のもつ傾向、好みがあるので、「補導」を好きになる人と「カウンセリング」を好きになる人がある。その好きな方を選んでやりはじめ、そこで、自分の接する生徒を中心に据えて会っていると、カウンセリングをしていても、時に生徒に対して制限を加えたり叱責せざるを得ない場面にぶつかるであろうし、「補導」をしていても、生徒の気持を理解することの必要性を痛感させられるだろう。事実、筆者は多くの現場の教師の方々に接してきたが、補導からきた人も、カウンセリングからきた人も、単純な教条主義に陥らず、あくまで生きた存在としての生徒を中心に据えて考え続けようとした人は、その後も成長を続けている。

一般論で言えば、カウンセリングに関心をもつ人は、母性原理の方が強いタイプであることが多い。しかし、カウンセラーとして成長してゆくためには、父性原理も身につけてゆかねばならない。カウンセラーとか教師とかは、両性具有的な傾向をもつ必要がある。

このように考えていると、その両方を鍛えてくれるのにふさわしい、クライエントや生徒が登場するもので、その人を相手に悪戦苦闘しているうちに、こちらも少しは成長するということになる。

心理療法的な考えを教育現場に導入してくる際に、特に考慮しなくてはならぬのは、その過程に生じてくる破壊性についてである。人間が変るというのはなかなかのことで、古いものが破壊され、新しいものが建設されるのであるが、その破壊力が他に及ぶことがある。あるいは、破壊を建設に至らしめるためには、それを包みこむ「容器」が必要なのである。その破壊力が内に向かうと自殺ということになるし、外に向かうときは、他人に危害を与えたり、多くの規則破りなどの形をとって現われてくる。このことは、学校という組織を維持してゆく上において困難な事態を引き起こしかねないのである。

カウンセリングをしていると、高校生が飲酒や喫煙をしたと話をすることがある。そんなことをいちいち職員会議に報告していたらカウンセリングはできないだろう。ところが、随分以前にあった例だが、中学生がピストルを隠してもっているなどという場合、その秘密をカウンセラーは守るかどうか、などになってくると判断は難しくなる。この場合は、カウンセラーが「秘密厳守」を絶対と考えて黙っていたら、警察によって見つけられ、しかも本人が「カウンセラーの先生には以前に言っておいた」と言ったため、カウンセラーは大変な窮地に立たされてしまった。

この場合、「秘密厳守」を絶対的なことと考えてそれに従おうとしたカウンセラーの態度が問題になる。前章の「臨床の知」についての中村雄二郎の言葉に、「普遍主義の名のもとに自己の責任を解除しない」とあったことを思い出す。何かのルールを普遍的と思い、それに従っていると考えることによって、自己の責任を解除しようとするのは、カウンセラーにとってもっとも危険なことである。心理療法にはいろいろと原則がある。しかし、それらの原則のよってきたるところをよく弁えた上で、個々の場合に応じて判断を「自らの責任」において下すことが必要なのである。

このようなとき、ピストルの話を聞いて、そのときは黙っていて、クライエントと別れてから陰で警察に通報したりするのは最低のことである。そのような裏切りをしてカウンセリングができるはずはない。それでは、中学生がピストルをもっていると知って、警察に言うのか、言わないのか、あるいはそのどちらも駄目とするとどうすればいいのか。このように二者択一的考えに陥り、どうにもならないと思うのは、事態が見えなくなっている証拠なのである。そのように結論をすぐ焦る態度ではなく、この少年はどうしてピストルなどもつことになったのか、その事実はなぜ、他ならぬ今、この自分に告げることになったのか、などについて、少年および自分自身をとりまく状況全体の流れのなかで見ていると、解決法が浮かびあがってくるのである。そしてそれは一般的常識を踏まえつつ、一回限りの個別の真理として通用するものとなるのである。

考えてみると、せっかちな二者択一の状態に追いこまれ、どちらを選んでも駄目と感じてしまうのは、多くのクライエントが経験することである。そのときに、もう一度その状況全体をゆっくりと考え直し新しい道を考え出そうとすることは、われわれ心理療法家の狙いとしていることである。そのとき、クライエントが無意識のうちに心理療法家を同様の状態に追いこんできて、果たしてそれをどうするのかを見ている、というと言い過ぎになろうが、心理療法の過程でクライエントが経験する困難さと危険とを、そのまま心理療法家にも体験することを迫ってきていると考えると、このような状況がよく理解できるのである。

筆者は幸いにも現場の教師の方々の生《なま》の声を聞く機会に恵まれているので、前述したような困難な状況に追いこまれたときの個々の教師の己を賭けた行動を多く聞いてきた。なかには、子どもと体を張っての取っ組み合いをした教師もあるし、「君の今の話を聞いて、僕は「秘密厳守」などできない。だから、今ここで君のカウンセラーであることを辞めさせてほしい」と中学生に対して言った教師もある。そのようなときに、望ましい結果が生み出されてくるときは、いつも教師対生徒という上下関係が消えて、人間と人間が水平の軸上で向き合っている状態が出現してきているのである。

人間と人間が水平軸上で会うというと、聞こえがいいので、時に教師のなかには、自分は生徒と常に対等であるなどと主張したり、同じ仲間だと言う人もある。そのような方には、「それではあなたも授業料を払って下さい」と言うことにしている。片方が授業料を払い、他方が月給をもらっているのに、まったく同じなどということはない。自分の担当している教科についていては、その知識においてもそれを効果的に教える点においても、教師は生徒をはるかに上まわっている必要があるし、既に述べたように人生における常識も生徒より豊かにもっていなくてはならない。にもかかわらず、両者がまったく対等と感じたり、時には、生徒の方が上とさえ感じたりする「とき」が出現してくること、そしてそれを教師の方も自覚的に生きること、が生じてくるところに教育の意義が存在している。このあたりのことをよく自覚していないと、教師が常に生徒の上にいようとして失敗したり、常に生徒と同等であると見せかけようとして失敗したりしてしまうのである。教師と生徒が水平軸上で向かい合うような機会は、そんなに多くあるものではない。教師の不断の努力の積み重ねのなかで、ふと与えられるものであり、そのようなチャンスを生かせるように、常に心がけていてこそそれが意味あるものとなるのである。

心理療法的な過程では、破壊を経て建設に至るので、その途中で集団や組織に脅威を与えるものであることを、よく心得ていなくてはならない。簡単な例をとってみても、もし学校に相談室があり、そこで学校カウンセリングが行われているとすると、その相談室内における「秘密」ということが、周囲にある程度の脅威を与えているということを、学校カウンセラーは自覚していなくてはならない。校長先生にしても、相談室内において、「自分の知らないこと」が起こっている、と思うだけで不安になる人もある。自分の学級の子どものことは「すべて」知っていなくてはならない、と思っている担任は、自分のクラスの子どもがカウンセリングを受けにいっているというだけで、腹が立ってくるだろう。

秘密ということは両刃の剣であり、ある個人のアイデンティティの確立のために深くかかわるものである反面、極めて破壊的であり、秘密をもっている当人やその周囲の人を深く傷つけるものである。このことは他に詳しく論じたので繰り返さないが(1)、学校カウンセラーは、「秘密」を扱うことによって、周囲に相当な危険な感情を味わわしていることをよく自覚している必要がある。そして、校長をはじめ教職員のなかで、誰がそれに対する耐性が強いのか弱いのかなどをよく知って行動しなくてはならない。

一人の子どものカウンセリングをすると、その子の変化を通じて、あるいはそれと共にその子の家族、友人、学級、あるいは時に学校全体にまで変化の波が及んでくる。それがうまくゆくと素晴らしいが、どれほどよい改変であれ、改変には苦痛が伴うものであり、それに対する抵抗があちこち生じてくるのも当然である。そのような周囲の苦痛や抵抗に対する共感がなくては、心理療法家はやってゆけない。学校でカウンセリングをはじめたが「周囲が無理解なので、何もできない」などと嘆いているのは、まったく馬鹿げている。それは当然のことなのである。無理解を嘆くのではなく、そのような状況をよく理解することによって、学校カウンセリングがはじまるのである。

教師でカウンセリングをはじめる人のなかには、「よいことをしている」と手放しで感じている人がいるが、それは長続きしない。それは、よいことかもしれないが、相当に近所迷惑のことを敢えてしているのだという自覚が必要なのである。

3　臨床教育学の必要性

これまで述べてきたように、心理療法と教育とはその本質的なところにおいて大いに重なるものである。ところが歴史的に見ると、両者は相当に異なるものとして、お互いに相手を敬遠してきたような感がある。心理療法の側からは教育というとどうしても理念を大切にしすぎたり、制度を大切にしたりして、個人の内的な面にあまり注目を払わないものときめつけたり、他方、教育の側からすれば、心理療法というと「病的」な人間をどう扱うかということで、健全な人間の成長などとはかかわりのないことと考えたり、要は、両者の誤解によって敬遠しあっているようなところがあった。

しかし、教育の現場で不登校の生徒をはじめ、心理的問題をもつ子どもが増えてくると共に、教育の場において心理的な考え方を無視したり、現場の実際的な問題を不問にして「教育学」を考えたりすることは、だんだんと意味を失ってきはじめた。また、心理療法を行なっている者も、単に生徒の行動を改変するということのみではなく、クライエントからの鋭い問いに答える意味もあって、そもそも学校とは何かとか、学校における規則はどういう意味をもつのかとか、入学や退学などの制度をどう考えるべきかとか、教育的な問題について考えざるを得なくなってきたのである。心理療法の場合、できる限り生徒の自主性を尊重し、本人の考えを大切にするが、そのことは心理療法家が無定見である方がいいことを意味しない。自分は自分なりに考え、自分自身の考えをしっかりともってこそ、相手の考えを尊重できるものなのである。このようなことがあって、臨床心理学と教育学は、実際的な教育の場を介して、以前よりははるかに結びつくことになってきた。

以上のような点から考えて、京都大学教育学部に、全国にさきがけて一九八八年に「臨床教育学」の講座が設立され、筆者は教授を担当することになった。この講座には大学院への社会人の入学を制度化し、現職教員が大学院生として入学してきている。これは京都大学の歴史においても画期的なことであろう。これまでも現場の教師の方々が研修員としてこられたことはあったが、大学院生として学び、単位を取得して研究に従事するようになったのである。このようにして、教育の現場と教育の研究の場がつながるようになったことを非常に嬉しく思っている。このことは、教育ということの本質を考えると、もっと早く実現させるべきことであったと思う。

心理療法とかカウンセリングと言えば、学校における生徒指導の問題と関係が深い。しかし、それが時間と場所を決めて会うという形式にとらわれると学校現場ではなかなか実行し難いところがある。そのために敬遠されがちになるが、これまで述べてきたような心理療法の本質を生かし、形にとらわれる必要がないと考えると、有効性が高まってくる。ここで重要なことのひとつは、現場において「問題児」として取り扱われる生徒に対して、その「問題」から何らかの可能性の発展のいとぐちが見出せるだろうと考える態度をもつことである。それと、それが必要である、あるいは、そのような状況が醸成されているときに、生徒と水平の軸上に向かい合うことができることであろう。「問題児」というのは、教師や親に対して、解くべき問題を提出しているのだ、と述べたことがあったが、このような態度で生徒に接することによって、新しい展開が生じるのである。

このような姿勢は、問題を何とか押し込めてなくしてしまおうという考えとまったく異なるものである。取り締りを強化することによって問題をなくしようとしても、根本的解決にはならず、形を変えて出現するだけのことである。それよりもむしろ、マイナスの形で生じてくるもののなかに、プラスへの転換のいとぐちを見る方が教育的であることは、論を待たないであろう。ただ、後者の方が教師の心的エネルギーの消費は相当に高いものであることを覚悟すべきである。しかし、教師となったからにはそれは期待されるところであり、いかにエネルギーを多く消費しても報われるところがある限り、意義があると言うべきである。

臨床教育学講座の大学院生には現職の教員もいるので、その実践記録を発表してもらう機会も多く、また、それに対して、臨床心理学、教育人間学などの立場からの討論を加えて共に考えてきている。これらの成果はまた別に発表するつもりであるので、ここには例をあげることはしない。ただ、僅かの期間ではあるが、既に相当な結果を得ていることは報告しておきたい。

臨床教育学的な視点をもって研究するべきことに、授業の研究がある。これまで、教科を教えるときは、あくまでその教科が中心に考えられてきたが、考えてみると、授業においては、教師と生徒および生徒相互間の人間関係がいろいろな形で生じるのであり、このことは、単に教科の「知識」がどれほど伝達されたかという問題をこえて、ひろく深く考えるべきことと思われる。そのような点で、授業研究は、臨床教育学においても重要な課題であり、心理療法によって鍛えられた接近法が役立つと思われるのである。

一例をあげる。「ばら」という詩についての国語の授業で、教師は、バラの美しさについて生徒の鑑賞力を高めようと、バラについて生徒に思いつくことを何でも言ってみなさい、という。美しい花だとか、誕生日に貰って嬉しかったなどという発言のなかで、ある生徒が「トゲがある」と言った。バラの美しさについて焦点を当てている教師は、一瞬不愉快な顔になった。すると、クラスの生徒たちはそれを感じとってしまって、「トゲ」の発言をした生徒に冷やかな視線を向ける、ということがあった。

このようなとき、教師の応答は非常に難しい。自分は「バラの美しさ」に焦点を当てようとしている。生徒の連想からそれを引き出し――それもだいたい何分間くらいと時間も割りふってある――次の段階に進もうとしている。そこで、「バラにトゲがある」という連想にかかわっていると、授業の筋道が壊れてしまう。しかし、だからといって、せっかくの子どもの連想を無視してしまうのもよくない。この際、教師は特にそれが駄目とは言わなかったが、不愉快に感じたことは一瞬にクラスの生徒たちに伝わってしまっている。ここが難しいところである。

しかし、ここで教師が「トゲ」の連想を、それは面白いねと取りあげたとしよう。生徒たちは一瞬驚くが、何か変ったことを言う方が先生が喜ぶと思って、まったく途方もないことを言いはじめるかもしれない。そして、その収拾をつけるのが大変になってくるだろう。生徒は思い思いにしゃべるので活気を呈するかもしれないが、授業の目的はどこかにかすんでしまうかもしれない。

後者のようなことを恐れるので、教師はだいたいそのようなことが生じないように、意識的・無意識的に気を配っている。ところが、わが国においては、子どもたちは先生の気持を察する能力が高いので、一見、生徒たちが活躍している授業に見えながら、先生の意図した流れにそのまま乗っかっているような授業になることが多くないか、を反省する必要がある。子どもたちは自分のなかから湧き出てくるものによるのではなく、先生の意図をできるだけうまく、早くキャッチして反応しようとするだろう。これで「個性を磨く」教育ができるだろうか。いわゆる「優等生」は創造性が著しく少ない、などということになってしまうのである。

その上、もし「トゲがある」と言った子が、平素は全然発言しない子である場合はどうなるだろう。その子がともかく思い切って発言したということは大変なことである。この際は、授業の流れのことは一応心に納めておいて、「面白いね」と評価する方がよいのではなかろうか。もちろん、このことにしても普遍的な「正しい」答などない。教師の「責任」がはっきりと問われているのである。このように考えると、心理療法の場面で、クライエントが「自殺します」と言ったとき、どのように対応するかに迷うのと、まったく同じことが授業場面においても生じていることが了解されるだろう。

授業の研究に関しては、京都大学においても、授業の見学にいったり、授業をビデオで撮影したものを見て討論を重ねたりしている。また、筆者は東京大学の稲垣忠彦《いながきただひこ》教授らの授業研究に参加し、その結果は既に発表しつつあるところである[2]。

臨床教育学の対象として考えるべきことに、学校の行事、制度などのこともある。学校の行事に参加するのを拒否したり、嫌に感じたりする生徒がいる。逆に平素は登校しないが学校行事としての遠足や、球技大会などにだけ参加する生徒がいる。学校の制度に対して反撥したり、それを破る生徒もいる。これらの生徒に対して個々にかかわってゆくとき、心理療法的な接近が役立つのは当然であるが、そのようなことをしつつ、心理療法をする者や教師が、いったい学校行事は何のためにあるのか、それに参加する(参加しない)ことの意義は何か、などについて考えてみることが必要になってくる。それは学校のいろいろな制度についても同様である。校門圧死事件のような衝撃的な事件があったが、いったい「校則」というものはどのような意味があるのか、それをなぜ、いかにして、生徒に守らせるのか。これらのことは、教育原理の大切な課題である。しかし、それを抽象的な理論として考えるのではなく、実際に現場に生じている現象とつき合わせて考えるとなるとどうなるのか。このようなことが重要な課題として浮かびあがってくるのである。

現場の教師としても、やみくもにともかく規則を守らせようとし、生徒は何とかしてそれを崩そうとするし、余裕のない「戦い」を繰り返しているなかで、少し身を引いて、そもそも「規則とは何か」などということを考え直してみることは、非常に意味があるのではなかろうか。また、心理療法の場面において個々の生徒が自分の生き方に照らしてみて述べる学校に対する意見や、時には感情的な反応などをプライバシーを守ることに留意しつつ、一般の教師に紹介することによって、生徒一般に対してもどのように対してゆくかを考える上で参考になることもあるだろう。

教育の問題をこのように現場と直結しつつ、多角的に考え直してみることは有意義なことであり、心理療法もそれに加わることによって、互いの発展のために役立つものと思われる。

注

(1) 河合隼雄「子どもと秘密」、『子どもの宇宙』岩波書店、一九八七年。

(2) 稲垣忠彦他『シリーズ　授業』1〜10、岩波書店、一九九一—九三年。

第五章　心理療法と宗教

広義の心理療法は古来から宗教家によってなされてきた、と言うべきであろう。キリスト教の告解にその姿を見ることができるし、古代ギリシャで行われていたインキュベーション、あるいは、非近代社会におけるシャーマニズムなどは、すべて広義の心理療法と考えられるだろう。ここに広義の、とわざわざ断っているのは、近代以後の心理療法においては、いかなる「絶対者」をも立てないので、その点は明らかに異なっているわけである。近代に起こってきた心理療法は、フロイトの精神分析をはじめ、「自然科学」としてその存在理由を主張しようとしてきた。しかし、よくよく吟味してみると、近代以後の心理療法も宗教との関係が実に深いことがわかってきた。まさにそれは宗教と科学の接点に存在するとさえ、言いたくなるようなところがある。

既に述べたように、自然科学こそ唯一の真理を語るものと考える(信じる)人にとって、心理療法と宗教の親近性を論ずることは、むしろタブーに近いことである。できる限り、心理療法が宗教とは異なることを強調することによって、その確実性を主張したいと考えるのである。事実、心理療法を「あんな宗教のようなもの」と言うことによって全否定しようとする人もいるくらいだから、これも当然のことである。時にわが国は、他国に比して知識人の宗教嫌いが強いので、余計にこのような傾向が強いと思われる。

しかしながら、以後に明らかにしてゆくように、心理療法と宗教との関連は実に深いものと筆者は考えている。ここで言う宗教とは特定の宗教教団を指しているのではなく、もっと一般的な宗教性とでも呼びたいようなことを指しているのではあるが。

1　神話の知

「科学の知」に対して、「神話の知」も人間にとって必要であることは、第三章において既に論じたところである。「神話の知」によって、人間は自分自身と世界との深いかかわりについて知ることができるのである。たとえば、恋人に会うべく待っていたのに、恋人が交通事故で死亡し、そのため抑うつ症になった人が来談したとしよう。その人は、「なぜあの人は死んだのですか」と問いかけてくるであろう。それに対して「出血多量」とかで「科学の知」がいかに精密に答えようともこの人は満足しないであろう。この人が知りたいのは、自分とのかかわりにおいて、なぜ他ならぬ私の恋人が、私と会う寸前に事故死しなければならなかったのか、ということである。

中村雄二郎は、「神話の知の基礎にあるのは、私たちをとりまく物事とそれから構成されている世界とを宇宙論的に濃密な意味をもったものとしてとらえたいという根源的な欲求[1]」であろうと言っている。

「私の恋人の死」の「意味」は何か、それを納得のいく「宇宙的秩序」のなかで理解したいのである。それができない限り、この人の抑うつ症は続くのである。

ある男性が自分の二人の子どもを失ってしまって、抑うつ状態になった。ところが、その人はある僧に会い、その僧が祈禱をした結果、それはまったく前世の因縁である、ということを説き明かしてくれた。本人の前世の悪業の結果であり、今は前世の悪業を悔いることと、死んだ二人の子の菩提を弔うことをすべきだと言われ、それに従って僧と共にお経をあげた。その後も、その僧に従って経をあげて祈ることを続けたが、子どもが生まれて、今度は健康に育ち順調に暮らしてゆけるようになった。

この際、「前世の因縁」ということが、この人にとって神話の知としての役割を十分に果たすことになったのである。問題はそのような「神話の知」がどの程度の普遍性をもつかということになる。おそらく、ある人にとってはそれはまったく無意味なことになるだろう。ところが、これと似たようなことは、たとえば「水子供養」などという形で、思いの外に現在、全国にひろがっている。つまり、多くの人が自分の運命を納得のゆく形で受けいれる「神話の知」をもつことができないままに、不安につけこまれるような形で、「水子供養」のために金を出したりしているのである。この際、言う方も言われる方もほんとうに納得し、信じているときは何も言う必要はないし、それは効果を発することも十分に考えられる。しかし、そうでないときは、あまり感心できない。

現代人は「科学の知」によって武装している。従って馬鹿げた「迷信」にだまされたりはしないと思われるだろうが、実際はそうではない。合理的に人生を生きている人も、いざとなると偽科学、偽宗教の類にひっかかってしまうのである。これは、「科学の知」によってすべての事象が説明しつくせるものと思っているのに、その説明が役に立たなかったり、説明が見出せなかったりして不安に陥っているとき、他人の提供する「神話の知」を、自らの力によってよく検討しないままに、それに乗せられてしまうからである。このような人は、「神話の知」に対する訓練がなさすぎるのである。

心理療法においては、クライエントが自分に適した「神話の知」を見出してゆくのを援助すると言っていいだろう。このとき、心理療法家は特定の絶対者に頼るわけでもなく、また教義《ドグマ》をもっているわけでもないので、自らがそのようなことを提供するのではなく、ひたすらクライエントが自分の力で見出すのを助けようとして、相手の自主性を尊重するところが特徴的である。

「神話の知」はそれに対する全人的なコミットメントをもってはじめて意味をもつものである。知的な理解だけでは駄目である。あるいは、半信半疑の態度でもあまり効果を発揮しない。絶対者に対して全人的にかかわるための方策として「儀式」というものが創出されてきた。各宗教はそれぞれの様式の儀式をもっている。たとえば、単に心のなかで祈っているのと、白装束に身を固めて、集団で太鼓などをならして行列をつくって歩く場合とでは、大分異なってくるであろう。これもその個人の在り方が深く関連してきて、前者の方が深くコミットできるという人と、後者の方がいいと言う人があろう。

そもそもここに「コミット」などという語を使用したが、これも実は問題であり、すべてが絶対者(神)の思召しのとおり動いていると考えるなら、人間がコミットするなどというのは神に対する冒瀆であろう。英語を考えてみると、コミットという動詞が用いられるのは、犯罪、自殺、愚行、などのときだけである。従って、古くは「コミット」は悪と結びついた語であった。近代になって近代自我の価値が重視されるようになって、コミットすることが「自我の積極的参加」を意味するようになり、ポジティブな意味をもつようになってきたのである。従って、宗教的に深く考えるとき、全人的関与というときは「コミット」と言わない方がいいのかもしれない。自我などということの問題以前なのである。

儀式のなかに全人的にかかわるときは、人間は深い体験をすることができる。しかし、それは考えてみると危険なことでもある。ユングは従って、儀式に両面的意義があると考え、儀式によってこそ神に接近してゆける、という意味と、儀式によって人間は神との直接的な接触を避けようとしている、という意味とがあると言う。つまり、神との直接接触は危険極まりないのでそれを避けるために儀式がある、と言うのである。そこで、後者の点が強調されすぎると、儀式によってかえって神から遠ざかることになる。後者のような点は、他人と深くかかわるのを避けたいときに、「儀式的」な態度によって距離をとるところなどに見受けられる。しかし、儀式のもうひとつの機能は、それとは逆に深いかかわりを促進するためにあるのである。

心理療法の場面においても、儀式類似のことはよく生じる。心理療法においては、何度も繰り返すように絶対者の存在を前提としないが、人間の心の深層に降りてゆくことは相当な覚悟と危険に対する防衛とが必要なので、儀式に類する行為が生じてくるのである。心理療法家、クライエントのいずれも、心理療法の場でいろいろな「癖」が生じがちなのもそのためである。癖というのは個人的でマイナーな儀式とも考えられる。そのようなことを通じて非日常の世界に接近できるのである。あるいは、後にも述べることになるが、心理療法の開始、終結時や、過程のなかの重要なポイントなどに、儀式類似のことが生じたり、あるいは、それを治療者が「演出」することに意味があったりする。

以上のようなことを考えると、心理療法において、個々のクライエントがその人なりに「神話の知」を見出したり、儀式を創出したりするのを治療者が助けることになるが、そのためには、治療者がそれらについてある程度の知識をもっていることが必要である。クライエントが個人として見出したことが、どのように普遍的なものと関連しているのかを知ることは大切なことである。このため、心理療法家になろうとする者は、世界の代表的な神話についての知識をある程度もつことが必要であるし、宗教的儀式についても知るべきである。このためには、文化人類学者による最近の研究は大いに参考になる。筆者もそれらの研究によって、自分の心理療法に役立つ多くの知見を得た。それらについては、後に少し触れることになろう。

ただ心理療法家としては、特定の神話の知をすべての人にすすめようとしたり、特定の儀式を強制したりすることがない点において、宗教家とは異なるのである。

2 宗教性

心理療法家は宗教家ではない。しかし、「宗教」と無縁でないことはこれまで述べてきたことによってもわかるであろう。われわれは特定の宗教集団の教義や儀式に縛られてはいないが、古来から宗教と呼ばれてきたことに大いにかかわるのである。それを特定の宗教集団と区別するために、心理療法家は「宗教性」と深くかかわると言えばよいだろう。ここに宗教性ということは、ユングが言ったように「ルドルフ・オットーがヌミノーゼと呼んだものを慎重かつ良心的に観察すること」(ユング、村本詔司訳『心理学と宗教』ユング・コレクション3、人文書院、一九八九年、一二頁)と考えてみよう。

ルドルフ・オットーがその著書『聖なるもの』(2)に述べているところによれば、彼は「聖なるもの」と一般に考えられているものから道徳的要素と合理的要素とを差し引いたものをヌミノーゼ(das Numinöse)と呼んだ。そしてそれについて、「あらゆる根源的な基本事実と同じく、厳密な意味で定義を下すことができず、ただ論議し得るのみである。相手にそれを理解させる方法は、ただ一つあるだけである。すなわち論議によって、相手を自分の心情との一致点にまで導いてくる。するとその範疇が相手方の心の中で動き出し、活躍しはじめ、相手方を自覚させるに違いない」という注目すべき発言をしている。このことは、心理療法において生じていることを、他に伝えるのがどれほど難しいかをよく表わしているように思う。そこに生じたことを定義し、概念化した途端に大切なことが抜け落ちてしまったように感じるのである。

オットーは、ヌミノーゼ体験の要素のひとつとして、戦慄すべき秘儀(Mysterium tremendum)をあげている。それについて再び引用すると、「この感情は、音もない汐のようにやって来て心情を満たし、静かで深い冥想的気分をただよわせることがある」。しかし「また時としては、この感情は激変して急激に心を破り出ることがある」。そして、「それは荒々しい悪霊的《デモーニッシュ》な形態を持っている。それはほとんど、妖怪のような恐怖と戦慄とに引き沈めることがある」と述べている。

ところで、オットーはこのような事柄は定義できないと述べた上で、次のように言っている。

秘儀は実のところ、概念的にはただ隠されたもの、すなわち知られないもの、把握され、理解され難いもの、普通でないもの、精通されないものの名にほかならない。しかし、このように言っても、その有様は明かに示されない。ただそれによって、ある全く実在している者が意味されていることだけは、確かである。その実在者はただ単に感情において体験されうるのみである。そしてこの感情を、私たちは論じつつ、また同時に心に響かせつつ、多分、解明することができるだろう。

長い引用をしたが、実はこのような表現が、ほとんどそのまま深層心理学に用いられる「無意識」ということに当てはまるのではないかと思ったからである。この文の主語に「無意識」という語をいれてもほとんど通用する。しかし、フロイトはそのような捉えどころのない無意識を何とか「精神分析」の技法によって意識化し理解しつくそうと考えたのである。このときは、自我の方に中心が置かれ、あくまでも「合理的」に解明可能と考える。すると、そこには「畏怖」の感情などは消えてゆき、科学的に解明する態度が前面に出てくることになる。

確かに、深層心理学においては、神という絶対者をたてて説明しようとはしない。しかし、人間の心が解明しつくされると考えるのもどうかと思う。このように思い込みすぎると、自分は科学的・合理的に考えていると思っていても、その人の態度は、自分のよって立つ理論の創設者を「教祖」のように感じたり、その理論を教義《ドグマ》のように受けとめているようになりがちである。これが心理療法の恐ろしいところである。そこで、われわれはそのようなことを避けるためには、「慎重かつ良心的に観察する」態度をとることが必要になってくるのである。そして、解明し得る限りは解明を行うにしろ、そこには常に解明し切れぬものがあり、あくまで「戦慄すべき秘儀」の存在することを忘れずにいることが必要となる。

ここで、ユングが「教義《ドグマ》」について述べていることは傾聴に値する。彼はドグマというものが変更不能な正しさを主張する点において、特に合理的な考えの強い知識人からは敬遠されがちであるが、実はそれ故にこそ、人間はそれに従うときに「全人的」にそれに関与できるのではないか、と言うのである。

ここで、話を少し変えて、心理療法家であればほとんどすべての人が重要視していると思われる「アイデンティティ」ということについて考えてみよう。「アイデンティティの探索」ということが、このクライエントの課題だ、などとわれわれは言うことがよくある、このアイデンティティについて、文化人類学者の谷泰は次のように述べている。(3)

自己のアイデンティティを失う危機感におそわれている人にとって、一般的真理といったたちの、普遍的な命題は、なんの慰めにもならない。なんらかの社会的なスティグマ(傷痕)をもっているため悩んでいる者にとって、自己の悩みの原因についての学問的見地からの説明はもちろんのこと、おまえは他の人びとと同じく社会的に等しい基本的人権をあたえられているのだといった憲章のうたい文句のような一般的説明は、空念仏にすぎない。

それではどうすればいいのか。「われわれは自己の固有性そのものを、まるごと支える論理こそを必要とするのだ。アイデンティティというものは、自己自身によって、見出されねばならない。」しかし、その「自己の固有性」は他者との関係のなかで確かめられねばならない。そこで、「自分の与えた自分に対するレッテル、他人の与える自分に対するレッテル、それが一致する幸いな瞬間を求めて、わたしたちは、自分に固有と思う標徴の旗をかかげて生きている」。しかし、それは特殊個別的であろうとするために、外から与えられる普遍性からどこかはみ出ていなくてはならない。そこで、「アイデンティティの標徴が、しばしば一般にとりこまれることのない、秘儀性、背理性をもつのはまさにこのためである」ということになる。

アイデンティティということを単純な科学的概念として受けとめることは、心理療法の場面にはそぐわないのではなかろうか。個々の人が自分のアイデンティティの標徴を見出そうとするとき、谷泰の考えに従ってゆくと、それはドグマチックにならざるを得なくなってくる。とすると、そのようなことに直面してゆく心理療法家も、ドグマチックである方が効果的ではないか、ということになってくる。このことは、自分は科学的に治療を行なっていると思っている人でも、既に述べたようにドグマチックになりがちだという事実を説明してくれるものである。

このように考えてくると、極めて「宗教的」なことが問題となってくるのだから、心理療法などと言わず、宗教家に頼る方がはるかに効果的、実際的ではないか、ということになる。既に前節に例をあげたように、子どもを二人失った人が、心理療法によって「洞察」を得たなどというのではなく、宗教家によって救われているではないか、ということである。この点については次節に論じるとして、ここで考えてみたいのは次のようなことである。まず、第一に現代人はそれほど簡単に宗教を信じ難いということである。

自然科学の知識が急激に増え、しかも、その「正しさ」が実証されてくると、それに反するものを容認することが難しくなってくる。筆者はかつて、母親を亡くした小学生の少女に、いろいろと宇宙の話をさせられたあげく、最後に「私のお母さんはどこにいるの？」と訊かれて絶句したことがある。彼女は多くの大人たちが「あなたのお母さんは天国にいる」と言って慰めてくれるのを、何だかウソクサイと感じていたのだろう。そこで筆者に対しては、まず科学的な知識を確認して、その上で自分の母がどこにいるかを知ろうとしたのである。天国にしろ極楽にしろ、この外的世界に定位することは不可能である。

子どもでさえこのようなのだから、多くの大人が簡単に既成の宗教のドグマを信じることは非常に難しくなっている。もちろん、信仰に生きて、それによって救われている人たちは、心理療法家のところなどへくる必要がないであろう。そうすると、先ほどの少女のような場合はどうするのか、心理療法家は「答」をもっていない。しかし、彼女が「私のお母さんはどこにいるのか」という問いを、問い続けようとする限り、われわれはそれと歩みを共にしようとするし、彼女自らが答を見出すことを確信しているのである。その課題はまさに宗教的である。その間にあって彼女の体験するヌミノーゼを、慎重かつ良心的に観察してゆこうとするのである。

ここで「観察」という言葉に誤解のないように一言つけ加えておく。これまでに述べてきたことで明らかかと思うが、それは局外者としての「観察」ではなく、あくまで参与的観察者でなければならない。全人的なかかわりなくして、そのような困難な過程が生じてくることはないのである。

考えてみると、心理療法家というのは、ドグマをもたずに全人的かかわりを強いられるという非常に困難な状態におかれている。それは言うなれば「宙ぶらりん」の状態である。しかし、何か特定のものにしがみつくことなく、宙ぶらりんの状態を永続させる強さをもつことは、心理療法家として実に必要なことであろう。それに耐えているとき、クライエント自身が解決を見出してゆくのである。

3　宗教教団との関係

心理療法において「宗教性」ということが深くかかわってくるので、宗教教団との関係がいろいろな形で生じてくる。それは時に極めてトリッキィな状況にもなる。そこで、実際的な問題とも関係させながら、この問題を考えてみたい。

ある宗教における教義、儀礼などを共有することによって、ひとつの集団ができる。それはただの一人で信仰しているよりも仲間ができたことによって強力となるし、相互の錬磨を通じて、その信仰は洗練され深められるであろう。宗教が教団をもつことのプラスの面は大きい。しかし、教団が大きくなってくると、教団の組織の維持や防衛などという「俗事」が、そこに大いにかかわってくる。また教団が大きくなって力をもつと、その力が政治の世界などとも関連してきて、ますます宗教の本来の姿からは遠いものになる可能性をもっている。

ともかく人間のすることで絶対によいなどということは、まずないと言っていいだろう。

宗教教団がマイナスの面をもつからといって、潰すのがよいと考えるのも速断であろう。筆者の尊敬する鎌倉時代の名僧、明恵は、ある人に対しては、ただ一人で山に籠ることがどれほど大切であるかを説き、他の人に対しては、一人で山に籠ることがどれほど危険かを指摘して、集団で修行することのよさを説いている。これを矛盾していると考える人があるかもしれないが、筆者としては、ものごとの両面をよく把握して、その場合場合によって考えることが大切である、と思う。従って、宗教教団との関係においては、前述したような両面性をよく考えておくべきである。

心理療法を続けているうちに、特定の教団に関心をもったり、入信したりするクライエントも出てくる。心理療法家としては、そのような行為が、クライエントの人生、および、そのときの状態に照らし合わせて、心理的にどのような意味をもっているかを考え、必要に応じて自分の考えたことをクライエントに伝えねばならない。

まず、考えなければならないのは治療者とクライエントの関係である。クライエントが宗教家に会いに行ったとか、会いに行きたいというときは、端的に言えば治療者が「頼りない」、「物足らない」ことを表明したがっていることもある。そのようなことがあまりに明白なときは、「私が頼りないと感じておられませんか」と言って話し合うのがいいだろう。ともかく心理療法の道はクライエントにとって苦しいことだから、ある程度、他に頼ろうとするのも当然と考えて、クライエントには告げないこともある。いずれにしても、治療者自身はそれらのクライエントの心の動きに敏感でなければならない。

時には、父親や母親に対する反抗から、そのようなことが生じるときもある。父親の信じている宗教と異なる教団(時には敵対的な)を選んだり、母親が「宗教嫌い」なのを知っていて、無理でも宗教集団にはいろうとしたり、このようなことは稀ではない。しかし、先の治療者との関係の場合もそうであるが、だからといって、その宗教への関心や入信を「まちがっている」と言うのはおかしい。動機はどのようであれ、結果的にはそれが意味ある選択であることは、ないとは言えないのだ。心理療法家としては、以上のような点をできるだけ把握し、必要に応じてクライエントと話し合って、その後で、クライエントの判断にまかせてゆくのがいいであろう。

クライエントの選択してくる宗教が、いかがわしいと感じられるときは、どうするのか、ということがある。特にそのようなときは、多額の寄付を押しつけられたり、身体的な危険が感じられたり、という実際的問題も生じてくる。このようなときでも、なぜクライエントがそのような宗教を選択したのかについて、心理的に考えることが必要である。クライエントのかかえている問題が深く、烈しく熱しているとき、その上それに対面してゆくためのクライエントの自我の強さが十分でないときは、心理療法の場面だけではうまく過程がすすんでゆかない。これには、もちろん、治療者の「容量」も大いに関係してくる。このようなとき、クライエントとしては、荒々しい行や、信じ難いことを信じることなどを通じてしか、自分の内界を表現する方策が見つからないときもあろう。

クライエントがみすみす損をするような、あるいは、危険性の高い、宗教や宗教まがいのものにとびこんでゆこうとするとき、心理療法家は自分の能力の限界に直面させられる。この際、それを止めるのには相当の覚悟が必要である。それによって治療者がコミットしていることがクライエントに通じ、うまくゆくときもある。しかし、後になって、クライエントが「先生はあのときに止めておきながら、その後何もしてくれないではないか。もしあのときに宗教にはいっていたら、今頃はよくなっているはずだ」と非難するようなこともある。治療者がクライエントに「やめておけ」というとき、潜在的には心理療法によってそれ以上のことができると宣言しているようなものだから、クライエントの依存が強くなってしまって、治療過程がすすまなくなるのである。

困難な治療ほど一筋縄でゆくものではない。治療者とクライエントがぶつかり合いながら、相互の理解を深め進んでゆくものである。クライエントが治療者としては容認し難い「宗教」に頼ろうとし、治療をやめると言い出したとき、自分の能力の限界をこえると思うときは、自分としては賛成しかねることを告げるか告げないかは場合によるとして、また来談する気になればきてほしいことを言っておくとよい。あるいは、あまりにも自分の限界をこえると思うときは黙っているより仕方ないであろう。いずれにしろ心理療法家としては、自分のことを含めて全体の状況をできる限り知ることが大切である。

クライエントが烈しい「宗教的」体験をした後で、そこを離れて再来されることはよくあることである。そこで、あんな馬鹿なことをよくもやってきたものだ、というのではなく、その体験のクライエントにとっての意味をできるだけ考えるように努めるべきである。深い意味を認められることも多いし、それが長期間を経てから明らかになることもある。

クライエントにとって自分の「家」からしばらく出て暮らすということが、よい意味をもつことがある。「家」の圧力から少し逃れて考えを深める、という意味をもつときもあるし、「家」を外から見ることによって今まで気がつかなかった「家」のよさに気づく、というときもある。家から離れて二、三日あるいは一週間でも安全に過ごせるところがあれば、このクライエントにとってはいいのだが、と思うときに、時には、ある宗教集団の修養に参加したり、宗教団体に「あずかって」もらうことが効果を発揮することがある。

ただ、この方法の欠点は、後で寄付を勧誘されたり、滞在中に「説教」や「規律」によって責めたてられて、ゆっくりとしていられない、などということがある。何の見返りもなく人のために尽くすことは不可能に近い。ある人に「入信」や「寄付」や「感謝」などを期待せず、それがその人にとってほんとうに必要なら、ただいていただく、というような高い宗教性をそなえた宗教教団は、今のところ筆者は知らない。あればほんとうに有難いことなのだが[4]。

これに類することで、宗教と心理療法との関係を考える上で、示唆的に思われる次のような例を(少しあいまいな形で)紹介しておきたい。ある宗教家のところに、知人の紹介で、心を病む人が送られてきた。症状は相当にひどく医者も見離しているそうだ、とのことであった。宗教家は一人暮らしだったが、彼と寝食を共にし、一切何も干渉せず自由にさせた。すると、彼はブラブラしたり、時には庭の草引きを手伝ったりしていたが、そのうち、お勤めに参加するようになった。そのような生活を何か月か続けているうちに、彼はすっかりよくなり、礼を言って帰っていった。何年か後に、彼から便りがあり、結婚して幸福に暮らしているので、ぜひおいでいただきたい、お礼の気持も兼ねて歓待したいとのことであった。

宗教家は喜んで出かけてゆき、共に語り合った。ところが、その話が夜おそくなっても続いてとまらないのである。何とか切りあげたものの、二日、三日になると彼の異常性は明らかになり、手がつけられなくなる。後の経過は省略するが、破壊的な結末になってしまった。

この例は、宗教家が最初に行なったことは、まったく理想的な宗教性、とでも言うべきことである。つまり、絶対者(神、仏)の守りのなかで共にすごし、相手の自由を許すことをしたのである。それは奇跡的とも言える効果を発揮した。しかし、次に彼の「招待」を受けたとき、おそらく宗教家としてではなく、普通の人として出かけていったのだろう。というよりもっと悪いことに、絶対者の保護からはずれた宗教家として出かけていったのだ、と言うべきであろう。絶対者の守りのなかで、草引きをしていたから、治るということが生じたので、宗教家が治したのではない。しかし、相手から感謝の手紙をもらい、出かけてゆくとき、そのあたりのことが極めてあいまいになってしまったのであろう。それは大きい混乱と破壊につながってしまう。

これは宗教家にとっても心理療法家にとっても教えられるところの大きい例である。そう思ったので敢えてここに述べたのである。心理療法家としては、われわれが時間と場所と料金の設定を守るということが、いかに馬鹿げて見えるときでも、実に大切であることを教えてくれているものと思われる。そして、ほんの少しの気のゆるみ、「姿勢」の崩れがいかに破壊的な結果をきたすものであるか、ということを思い知らされるのである。

ある宗教集団からは、その集団に属する宗教家の「ノイローゼの治療」を依頼されることがある。これは時に、医者に「病気」を治してもらうようなつもりでなされることがあるが、既に述べてきたことによってもわかるとおり、ノイローゼが治るということは、その人および周囲の人の実存にかかわってくることが多い。従って、その人の治療過程のなかで、その人だけではなく集団まで、その存在基盤をゆるがすようなことも生じ得るのである。

治療を続けてゆくうちに、その人はそれまでの信仰を棄てようとするかもしれない。あるいは、過程中に生じるその人の破壊的な行動に集団が耐えられなくなって、その人を追い出そうとするかもしれない。心理療法家としては、クライエント、及びそれを依頼してきた集団および集団の長、治療者自身の力量などを考えて、引き受けるかどうかを決定し、引き受ける際には、予想し得る問題点について依頼者とよく話し合っておく必要がある。安易に引き受けてしまって、後で問題が生じて困惑してしまうことのないように注意しておかねばならない。

宗教教団との関係については、未だ言い残したこともあるし、示唆的な例も多くあるが、このあたりで一応切りにしておく。

4 通過儀礼

通過儀礼のことが心理療法において重要になること、ひいては、人間の生涯を考える上において忘れてはならないことであることなどを、筆者は早くから主張し、そのことは心理療法家のみならず、一般の人々にもひろく理解されてきたと感じられる。そこで、ここでは通過儀礼についての詳しい説明は略して、話をすすめてゆくことにする。

それでも一応、エリアーデの言葉で説明すると、「イニシエーションという語のいちばんひろい意味は、一個の儀礼と口頭教育群をあらわすが、その目的は、加入させる人間の宗教的・社会的地位を決定的に変更することである。哲学的に言うなら、イニシエーションは実存条件の根本的変革にひとしい」[5]ということである。イニシエーションの体験によって、子どもが大人に、あるいは、俗人が聖職者に、とまったくの「別人」になるところが特徴的であり、そこには、常に象徴的な「死と再生」のプロセスが存在している。

ところで、近代社会はそのような通過儀礼の消失をその特徴としている。再びエリアーデによると「伝承社会と対比して近代人の持つ斬新さとは、まさしく、みずからを純粋歴史的存在と認めようとする決意と、根本的に非聖化された宇宙に生きようとする意志にかかっている」のだ。端的に言えば、「進歩」という考えを承認する限り、通過儀礼は消失するのである。

部族として、あるいは、ひとつの社会として、全員が承認する通過儀礼は消失してしまっても、ある個人が「大人になる」、「結婚する」、「聖職者となる」といったような節目を迎えるとき、そこには内的には「通過儀礼」の体験を必要とする。さもなければ、そこに「変化」の体験がなく、暦年齢的には、「大人」になっているとしても、いつまでも、子どもっぽい人間ということになってしまうし、責任のある人格としての自覚に欠けたりすることになる。

伝承社会では一挙に行うことのできた「大人になること」が近代社会では随分と難しいことになる。伝承社会においては、日常空間から離れた聖なる空間において、通過儀礼を体験して成人となることができる。しかし、このとき、その部族全員の信じる絶対者の存在を前提とする、絶対的な聖なる空間があってこそ、それが可能であることを忘れてはならない。それに対して、近代社会では、個人というものが大切にされ、エリアーデの言うとおり、「根本的に非聖化された宇宙に生き」、進歩してゆこうとするのだから、この「地点」より大人になるなどという通過儀礼は行い難い。そのため、近代社会では、子どもから大人になる中間の「モラトリアム」を人々は承認し、青年が少しくらいの「愚行」をしたり、「怠け」ていたりしても、容認しようとする。その間にあって、各人は各人なりの通過儀礼を体験する。

この際の特徴は、それが一挙に成立するとは限らないことである。通過儀礼的な体験を重ねて徐々に大人になってゆく、と考えてゆく方がいいであろう。そして、言うなれば、絶対者の名において、大人と子どもとが明確に分けられてしまう世界は、便利であると言えば便利ではあるが、面白味に欠けるとも考えられる。一個の人間が必要に応じて、大人であったり、子どもであったりしつつ、大人とは何か、子どもとは何かと考え続ける方が豊かな人生をおくれるのではなかろうか。しかし、後者の場合、その人がそれらのことをどこまで明確に意識し得るかが大切であり、そのためには、自分がどの程度の通過儀礼的体験をもったかの自覚が必要となるのである。

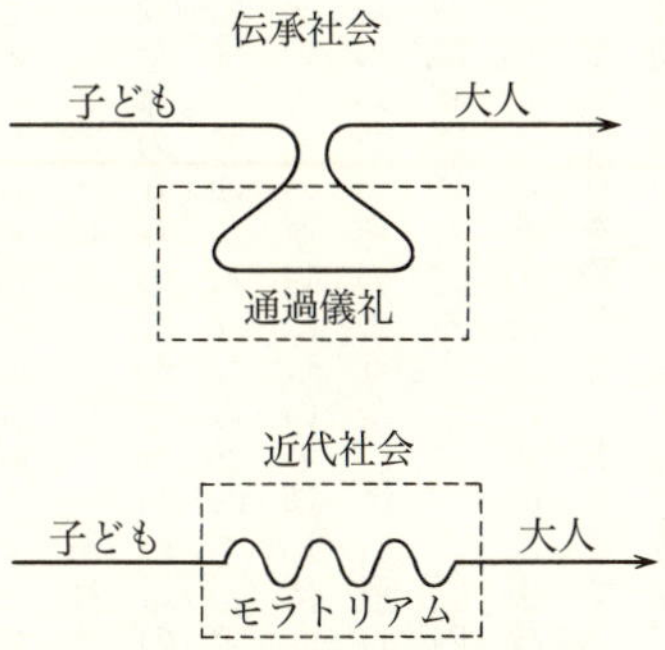

図2　大人になることの図式

心理療法の場面は、そのような通過儀礼的体験をしたり、確認したりする場として適するように工夫されている。それは、日常の空間より少し隔絶された「密室」であり、その限定された時間と空間は、他から守られている。ただ、それが伝承社会の場合と根本的に異なるところは、絶対者が存在していないし、一定の儀礼があるわけではない。そこで、われわれは、各個人の実現傾向に頼るより仕方がないのである。各人がそれぞれにふさわしい通過儀礼的体験をするのを待つのである。

この際大切なことは、伝承社会の通過儀礼のように、制度として集団で行い、それが部族全体の守りのなかで行われるのではなく、心理療法は一時間で終り、すぐに日常の世界に帰ってゆかねばならないことである。そこで、いかに「死と再生」を伴う深い夢を見て、そのことの意味について話し合うとしても、やはり日常生活はちゃんとやってゆかねばならぬので、そのような点に留意し、面接の終りには日常生活に帰ってゆくのにふさわしい意識状態にもどるように、会話内容なども注意しなくてはならない。さもなければ、現実生活で不注意のために危険な事故に遭ったりすることもある。

夢の体験を通じて、あくまで内面的に過程が生じる場合はいいが、それは何らかの外的行動と重なってくるものである。病気や事故や、思いがけない突発的な事件に、それがつながってゆくこともある。そのようなときに、危険防止のみを考えるのではなく、その意味について考えることが大切である。意味をよく理解しつつ、できるだけ行動化を避けてゆくことになろう。

そもそも、来談の動機が、事故や自殺未遂や、いわゆる非行などで、本人よりもむしろ親や教師によって連れてこられるようなとき、通過儀礼の一部が既にはじまっている、とさえ感じるときがある。ただ、本人も周囲の人もその意味がわからないので、困ったことだ、と思っているのである。そんなときに、通過儀礼などと言っても、まず通じることはないし、大切なことは本人が体験を通じて知ることなので、ともかく面接を続けることになるが、心理療法家が通過儀礼のことをよく知っているほど、クライエントの話を聴くときに、身がはいることであろう。通過儀礼にはいろいろの方法があり、それらを知っていることによって、クライエントを理解することが容易になることもあるだろう。ユング派の分析家で、通過儀礼の心理的研究を行なったヘンダーソンは、「年長の患者の場合と異なり、青年の患者はその問題を主としてさまざまの行動様式という形で現わすことが多く、内的なイメージの形で示すことはめったにない」[6]とさえ述べている。「めったにない」はやや言い過ぎと思うが、ともかく大事な指摘である。

本来の通過儀礼の場合は、絶対者の存在を背後にして、司祭者としての長老と新参者の区別が歴然としている。ところが、心理療法においては、治療者自身も変化し成長してゆく存在であるのに、一般には、治療者が司祭的役割を、クライエントが新参者的役割を担うことが多いが、時にそれは逆転するものであることを認識していなくてはならない。通過儀礼につきものの、「試練」をクライエントが与えてくれるときもあるし、「口頭教育」つまり心理療法家として心得ておくべきことを、クライエントが授けてくれるときもある。このようなことに心が開いていてこそ、心理療法場面において生じる通過儀礼的な事象の意味を悟り、それを促進させることができるのである。実際、自分はこのクライエントによって心理療法家としてイニシエートされたと感じるときが、あるのではなかろうか。筆者も多くのクライエントによって鍛えられてきたと思っている。

通過儀礼における、リミナリティ(境界)という考えは、最近増加してきて心理療法家を悩ませている境界例の理解に役立つものと筆者は考えているが、この点について他にまとめて発表したので、ここでは繰り返さない。[7] ともかく、通過儀礼は心理療法の本質と深くかかわることとして、今後も研究すべきことであると思っている。

注

(1) 中村雄二郎『哲学の現在』岩波書店、一九七七年。

(2) R・オットー、山谷省吾訳『聖なるもの』岩波書店、一九六八年。以下、オットーの引用は同書による。

(3) 谷泰『「聖書」世界の構成論理』岩波書店、一九八四年。

(4) ほんとうのところは、宗教教団に期待するのではなく、われわれ臨床家がそのような場をつくるべきであろう。精神科医の小倉清も、「私の理想とする病棟というのは、治療なんてなんにもないところです。……精神療法とか薬物療法とかいうことをやらなくて、そこでただ飯食って、もそもそしているだけでよくなるというのが理想的な病棟だと思っている」と述べている（石川憲彦他著『子どもの心身症』岩崎学術出版社、一九八八年）。

（5）Ｍ・エリアーデ、堀一郎訳『生と再生』東京大学出版会、一九七一年。以下エリアーデの引用は同書による。

（6）Ｊ・ヘンダーソン、河合隼雄／浪花博訳『夢と神話の世界――通過儀礼の深層心理学的解明――』新泉社、一九七四年。

（7）河合隼雄「境界例とリミナリティ」、『生と死の接点』岩波書店、一九八九年。

第六章　心理療法における文化・社会的要因

心理療法では原則的に個人を中心として考えている。しかし、いかなる個人も一人だけで生きているのではなく、家族、社会、文化との関係のなかに生きているので、そのことを抜きにして個人のことを考えることはできない。

筆者は心理療法の基本的訓練を外国で受けてきた。アメリカ合衆国よりスイスに移り、ユング派の分析家としての訓練を受けたのである。その間に、日常生活も含めて、日本と欧米との文化差について考えさせられることが多く、それは根本的には、日本人が西洋の心理療法をほんとうにマスターできるのか、もしできたとしてもそれはどのような意味があるのか、という問題に直面することになり、ずっと考え続けねばならないこととなった。なお、日本人がユング心理学をほんとうにマスターできるはずがない、と考えているユング派の分析家が現在もいるわけだが、それはあながち無茶を言っているとは思えないのである。心理療法は知的にのみ学ぶことは不可能であり、その人の生き方全体がかかわってくるので、このような問題が生じてくるのである。

西洋で発展した考えや技法をそのまま日本人に用いることができるのか、という点も大きい問題であった。一九六五年にスイスから帰国して以来常にこの問題を考え続けてきた。最初の頃は、日本人と欧米人の考えの差について述べても一般の人々に理解されないことが多かった。多くの留学した人たちも、お互いに人間なのでそれほど差がない、という点を強調するようであった。ところが、最近になって国際交流の度合いが激しく深くなるにつれて、たとえば日米の貿易摩擦や、帰国子女の問題などによって、相当一般に彼我の差が認識されるようになった。このために筆者のかつての発言も認められるようになってきた。ここでは心理療法との関連に焦点を当てて、文化・社会の問題を考えてみたい。

1　個人と社会・文化

一九五九年にアメリカに留学し、臨床心理学の事例研究に出席し、「クライエントが十七年間も同じ会社に勤めているのは、何か問題がある」というのを聞いて、「日本では一般に終身雇用だ」と筆者が言ったので、全員がびっくりし、互いに文化差について驚きながら話し合ったことがある。今なら常識だが、当時は、筆者としても、社会や文化が変ると考え方や生き方も変化することを実感したのをよく記憶している。

個人はその生きてゆく環境によって強い影響を受けている。日本人であれば、日本語で考え、その感情を表現しているというだけで、日本語のもつ性格によってその思考や感情を規定されている。これはどこの文化についても同様である。また、育ってくるときに家族の影響を受けることも当然である。従って、心理療法家としては、クライエントの家族関係を非常に重要視している。そのため、時には家族と面接したり、家族関係を調整したりということさえ生じてくる。このような点については後に述べるとして、本章では、それよりも広い、文化・社会との関係について述べてゆきたい。

個人を取り巻いて、家族、社会、文化などがある。しかし、心理療法をしていると、個人のなかの家族、社会、文化などということを考えざるを得なくなってくる。一人の個人のなかに世界がある、とでも言いたくなるのである。従って、心理療法家は、クライエントという個人を通して、そのなかに存在する、家族、社会、文化などと相対しているように感じられてくる。

たとえば、不登校の子どもと会っていると、その母親が子どもを抱きしめて自立の力を奪ってしまっている、という感じを強く受ける。ところが、そこで自立してゆく男性のモデルとなるべき父親のイメージがひどく弱い。このようなことを体験することは多い。このとき、その子の不登校という症状は、家族全体の問題であるし、ひいては、そのような家族のパターンを多く生み出している日本文化の問題ということになってくる。実際、ある個人の悩みや病いが、家族の悩み、家族の病い、ひいては文化の病いへとつながってゆくと感じられることは多いのである。

心理療法というのは、時に誤解されて、環境にただ順応するような人間をつくるもの、というように考えられていることがある。そのようなことを目指したところで、それほど簡単にできるはずもないが、われわれの目指しているところは、与えられた環境のなかでクライエント自身がいかに自分の生きる道を自主的に見出してゆくか、それを援助しようとしているのである。もちろん、われわれ人間は自分の欲求や実現傾向と周囲の状態との間に何らかの折り合いを見出してゆかねばならないが、その過程には「戦い」も必要になってくるであろう。ただ、心理療法家としては、何らかの形を押しつけるのではなく、できる限り本人の実現傾向を援助する姿勢で会っているのである。

このような考えでクライエントに会っていると、一人の人の「重み」ということを痛感する。一人の人間が少しでも変ろうとすることは実に大変なことである。自分だけが変るなどということは極めて難しい。自分が変るためには周囲を変えねばならない。心理療法家は、一人の人を引き受けるとき、ひとつの家族を引き受けている、という覚悟がいるし、学校全体を相手にしているように感じるときさえある。それが、日本文化、などということになると、自分自身の問題でもある。クライエントと話し合っているうちに、自分自身がどのようにして日本文化というものと折り合いをつけて生きているのか、ということを真剣に考えざるを得なくなってくる。そのときに、心理療法家はその問題に直面し、考えることを怠ってはならないのである。

しかしまた、一人のクライエントに会いつつ、それが家族の病い、文化の病いであると思うからこそやり甲斐がある、と言えるのである。時に、ただ一人の人に対してよくそれだけの時間とエネルギーをかけられますね、と言われることがあるが、前述のようなことを実感してくると、一人の人にかかわる意義は十分に感じられるのである。時には、クライエントに対して、本人の悩みが家族の悩み、文化の悩みに通じることを明らかにするとよい場合もある。さもなければ、クライエントは家族のなかで、自分だけが悪いとか、弱いとか思って、罪悪感とか劣等感をもっていることがあるからである。このような劣等感は優越感と隣合わせているので、前述のようなことを言った途端、クライエントは自分が「家族のため」、「お国のため」にこんなになっているのだ、というので周囲と軋轢を起こすことがある。そのことによって、家族が「あんな治療者はなっていない」と攻撃を治療者に向けてくる。いずれにしろ、ある程度の「戦い」や対決が生じてこそ、人間は変ってゆくのだから、これも避け難いこともある。

このような「戦い」は下手をすると、クライエントが治療を受けることを家族がやめさせるとか、学校の校長とカウンセラーが戦ってカウンセラー室がなくなってしまうとか、相当な破局になることもある。しかし、このような争いを通じてこそ、日本の社会や文化も少しずつ変化してゆくのだと思うと、その意義もわかってくる。家族が悪いから駄目だとか、校長が無理解だとか怒ったり嘆いたりするよりも、前述したような意義と困難さが理解されていると、治療者の方に少し余裕が生じ、そのために争いを破局に至らしめず、建設的な方向に転じることができるのである。

個人のなかの社会・文化という考えに立つと、ひたすら個人を相手とし、その人のみに長年かかわることによって、個人をこえた社会や文化の問題が見えてくるのである。それは、いわゆる社会調査をしたり、文化的な事物や作品を研究したりするのとは異なるのであるが、あくまで個人のことを追究しつつ、普遍的なものにゆき当るのである。そこで見出されたことを、一般の人々に対して発表してゆくことは、心理療法家としてのひとつの仕事である、と筆者は考えている。それによって、社会に貢献できるわけで、たった一人の人にエネルギーをかけ過ぎるとか、「好きでやっているのだ」というような批判に対しても答えることになっている、と考えている。

この際の問題点は、そのような論議において事例の詳細を語ることは相当に説得力をもつとは思われるが、いかにプライバシーを守る配慮をするとしても、ある個人の内面をそこまで公的な目に晒すことに耐え難い感じをもつことである。このことは難しい問題でにわかによし悪しの判断はできないが、筆者としては現在のところそれは避けることにしている。そして、無意識的な心のはたらきをよく示すと思われる、神話、昔話などの分析に託して、心理療法の経験から得たことを社会に対して公表する、という方法をとってきている。これは相当に成功しているのではないかと考えているし、今後もこのようなことは続けてゆきたいと思っている。

2　日本人の特性

心理療法を行う上で考慮すべき日本人の特性について述べる。このこともこれまでに随分と発表してきたので、詳細に述べることはしないが、一応これまでの考えのまとめとして示しておきたい。

一九六五年にスイスより帰国して最初に会った不登校の男子中学生が、「肉の渦に巻きこまれて死にそうになる」夢を報告し、そのイメージの強烈さに圧倒されると共に、太母《グレートマザー》元型が強く作用している国に帰ってきたのだという想いを抱いたが、そのことは現在までの臨床活動のなかで常に問題となってきた。

文化理解のためのひとつの軸として、父性原理と母性原理との対立を考え、前者は「切る」機能を特徴とし、後者は「包む」機能を特徴としていると考える。この両者は共に存在してバランスをとることが必要であるが、いかなる文化もどちらかが優勢であり、欧米と日本の比較においては、前者は父性原理、後者は母性原理が優勢であると考えると、わかりやすい。

母性原理はその「包む」はたらきによって、子どもを守り育てるポジティブな面と、呑み込んで殺してしまうネガティブな面とをもっている。日本文化においては、母性のポジティブな面が強調され、「母」というイメージはほとんど絶対的な価値をもつほどであったが、西洋との接触により、西洋近代の自我確立の考えに影響されてくると、急にそのネガティブな面が意識されるようになった。それが特に強くなってきたのが昨今の状況である。スイスより帰国後間もなく会った、対人恐怖症(そのための不登校もあった)の二十歳代の女性の夢を次に示す。

夢　自分の家のようだが、居心地は大分異なって気味の悪いところにいる。そこから逃げだしたいと思う(他にも女の人たちがとらわれていて、仕事をさせられているようだった)。逃げだすために、カトリックのシスターの服装に変装して逃げる。しばらくすると、魔法使いのおばあさんのようなのが追いかけてくる。術を使って呪文をとなえると、茶色の小鳥がいっぱい目の前にひろがってしまい、自分は歩けなくなる。そして、再びつかまえられてしまう。……

同じ場所に、今度はいとこと一緒にとらわれている。自分はシスターに、いとこは尼さんに変装して逃げようとする。変装して家族のものに見せにいく(このあたりで、夢はぼやけてわからなくなる)。

この夢は当時の日本の若者の置かれている状況を実によく表わしている。太母のもとにとらわれて自立してゆけぬ女性は、ついに「天なる父」をいただく宗教のたすけを借りて、シスターに「変装」してでも脱走しようとするが、魔女の呪文によってたちまちにつかまえられて連れ戻される。ここで、太母のネガティブなイメージが西洋の魔女に近づいているのは興味深いが、その力は相当なものである。当時は、青年期に自我の確立ということに努力しようとする人たちは、何らかの意味でキリスト教に関心をもったものである。実際に入信する人は少ないにしろ、教会に顔を出したり、聖書を読んだりした。しかし、それくらいのことでは、なかなか太母から逃れるのは難しいのである。

夢の後の方で、いとこが出てくるが、このいとこもクライエント同様、不登校になったのだが登校するようになり、その後結婚もしているとのことであった。彼女は仏教の尼に変装するところからみると、おそらく日本の伝統的な生き方に合わすことによって問題を解消したのではなかろうか。そのような彼女の援助を受けながらも、クライエントはまだ新しい考えの方に固執している。そして、次にどうなるのか、夢は結末をあいまいにしたままで終ってしまう。

夢についてはこれ以上の点は省略するとして、このような例に数多く接して、わが国における母性原理の強さを思い知ると共に、それに抗して何とか自我をつくりあげてゆこうとする動きが生じてきていることも認識されたのである。ただ、そのようなときに、日本人も西洋人と同じ「近代自我」をつくりあげるべきであると考えるのか、という問題が起こってきた。これは筆者自身の生き方にもかかわってくることである。

ところで、フィリピンにしばらく調査研究に行ったため、フィリピンは日本に比べるとはるかに母性原理が強いことを経験した。フィリピンに比べると日本は父性原理を相当に上手に取り入れていることになる。このようなことと、それに西洋の近代自我に対して、日本人の自我の在り方について考えてきたことが関連して、日本人の心の在り方のモデルとして、日本神話からヒントを得て、「中空構造」ということを考えるようになった。

神話の分析については他に譲るが、要するに、日本神話の構造の特徴は、中心が無為の神によって占められ、その周囲にいろいろな神がうまく配置されて、均衡を取り合いながら存在しているのである。中心に全体を統合する原理や力をもった神が存在するのではなく、中心は「無」なのである。この特徴を明確にするため、キリスト教の唯一の至高至善の神をもつ考えと比較し、それを「中心統合型」と呼ぶのに対して、日本のを「中空均衡型」と呼ぶことにした。

「中心統合型」と「中空均衡型」はまさに一長一短であり、簡単に優劣を判定することはできない。このようなものの言い方をするところが既に中空均衡的だと言われそうであるが、いずれにしろ、どちらかの観点に立って他方を批判することは容易である。中空均衡型も大別すると母性原理優位の方に属するが、それなりに父性と母性のバランスをとろうとしたり、全体の構造をある程度もっているところが、母性原理中心とは少しニュアンスが異なっていると考えられる。

中空均衡型の特徴を――わかり切っているだろうが――一応少しあげておく。中心が空であるため、それは善悪、正邪の判断を相対化する。そのため対立するものでも、全体的平衡を保つ限り共存できるのが特徴的である。中心統合型では、中心が絶対化され、それと相容れぬものは周辺部に追いやられるか、排除されてしまう。中空型は対立するものが共存できる妙味があるものの、時にそれはどうしようもない悪をかかえこんだり、すべてのことがあいまいになってしまう欠点をもつ。このようなことは日本人の生き方を見ているとよく感じられることである。

　中心が空であるために、一時的にせよそのなかに何かを取り込むことが行われやすい。日本人が仏教、儒教などを取り入れてきたことにそれが示されているが、ただ、それは中心に定着せず徐々に全体のなかに取り込まれて「日本化」し、中心は再び空になる、という傾向をもつ。あるいは、中心への他からの侵入を避けるために、中心に「無為」の人を長としていれて象徴的に「かついでおく」という形をとるときもある。このような形を好むときは、有能な人は長にはなれない、というような西洋的に見ると不可解なことが生じたりする。このようなときでも、全体の平衡のためには中心を「空」にして保持することが大切なので、無能な長を守るために多くの人が努力をするときもある。

　中空構造について述べると切りがないので、このあたりで切りあげるが、各自は日本の政治、宗教、社会構造などいろいろな点に、この考えがあてはまることを、自ら確かめていただきたい。心理療法家としては、このような日本人の特性をよく心に留めておき——という自分も日本人なのだから——クライエントの人生、治療者とクライエントの関係などを常に考えている必要がある。西洋で習ったことを無批判に適用するのも誤りであるし、何でも日本人は日本人らしくなどと考えていたのでは、変化も進歩もないのである。ただ、心理療法家の場合は、あくまで個人を大切にしてゆくわけだから、個人の問題として、次に考えてみたい。

3　自我と自己

日本と西洋の問題をとくひとつの鍵として、ユングの提唱する自己(self, Selbst)という考えがある。これはユング特有の考えであるが、東洋(日本)のことを考える上で、便利なものなので、よく語られるのであるが、そこにはまた危険性もある、と思われる。そこで、日本人の特性ということも考えつつ、この点について論じてみたい。

西洋の近代においては「自我」の確立が大きいテーマになった。他と区別された自我が屹立し、自立する。このような自立的な自我が自分の責任において決定し行為するのをよしとする。このような考えの背後には、人間が合理的に考えて行動してゆくとき、すべてのことを律し得るという確信があった。そして、自我の使用する武器として自然科学を手に入れたとき、その確信はますます強くなった。そのようなときに、ユングは早くから、自我を人間の心の中心とすることに反対していた。自我は無意識によって動かされる。しかし、二重人格の特性などによく表わされるように、無意識は自我の在り方を補償し、常に全体性を保持しようとするようなはたらきを示している。従って、人間の意識のみならず無意識をも含めての全体性ということを考える必要がある、とユングは主張する。

ユングはこのような事実を踏まえて、自我(ego)が意識の中心であるのに対して、自己(self)は人間の心の意識も無意識も全体を含んだものの中心である、と考えた。彼はこれを「自己は心の全体性であり、また同時にその中心である。これは自我と一致するものでなく、大きい円が小さい円を含むように、自我を包含する」[1]と述べている。このように、自己は無意識内に存在するものだから、あくまでそれを直接に認識できないのであるが、そのはたらきを人間は意識することができる。それが象徴として把握されるときは、最近は一般にもよく知られるようになったマンダラ図形などによって、その統合性や全体性が認められるわけである。

自我から自己への中心の移動ということは、実にドラスティックなことであり、ユングは、自我の確立を人生の前半になして後に、人生の後半において自己の認識が行われる、と考えていた。自己より発してくる心的内容は、自我の在り方を補償するような傾向があり、それはむしろ自我によっては簡単に受けいれ難いものであることが多い。そこで、自我と自己との対決や協同作業を通じて自己実現の過程がすすむことになるが、ユングはそれの危険性と、自我から見たときは無価値あるいは有害とさえ見えるものであることなども忘れずに指摘している。昨今、一般に言われている「自己実現」というのは、自我の確立に近いようなものであったり、極めて底の浅いものになっている感じがする。

ところで、ユングによる「自己」の強調は、東洋の人々にとってその考えを受けいれやすくした。確かに、東洋人は西洋人と同様の近代自我を確立することは難しいし、そのようなときに、ユングによる自己の考えは、一種の救いのような役割さえもってくる。しかし、心理療法を実際に行いながら考えていると、そこに問題も感じてくるのである。

まず、自己について西洋のユング派分析家で疑問を呈した人がいる。ジェームス・ヒルマンがその人で、彼の考えの要点をのべると、「自己」という考えは一神教的な背景が強く、その元型が他のすべての元型に優越し、自我から自己へという「一直線の進歩の段階」のようなことが考えられてくる危険性が高い、ということがまず第一点である。このことは非常に重要なことなので後に論じる(第八章)として、ヒルマンがもう一点問題としていることについて述べる。それは「自己」はしばしば「老賢者」のイメージとして顕現するが、それが実際の「長老」と結びついてくるときに問題が生じるというのである。つまり「長老」のもつネガティブな面、「神学的一神論の、かたくなな固執、宗教的寛容性のなさ、そして優越性に対する確信[2]」が強く出てきたとしても、他の者はそれに反抗できないのである。

これに反対するために、ヒルマンは多神教的考え方のよさを強調する。つまり、そこには「唯一の正しい」答がなく、人々はそれぞれが個性化の道を歩むのであり、その道を照らす神は一人ではなく、多数いるのである。何も長老の言うとおりに従う必要はないのだ。

ヒルマンの多神教説を知り、日本は多神教だから、そんなのは当り前のこと、と思うのは早計に過ぎる。ここで前節に述べた「中空構造」のことを思い出していただきたい。日本には八百万の神々がいるとしても、それが「中空」のまわりに全体として配置されているとき、神々はそれぞれのパーソナリティをもたず、全体のなかの部分としての意味をもってくる。とすると、その中心の「空」あるいは「無」は、一神教の神と似たはたらきをすることもあるのである。つまり、日本においても「長老」には絶対に従わねばならなくなってくる。そして、もっと問題を難しくすることは、その長老は別に明確な原理や原則をもっているわけではないのである。従って、何を争点にして戦えばよいかもわからないまま、ともかく服従しなくてはならない、というようなことさえ生じてくる。

このような長老《セネックス》のイメージが心理療法家に対して投影されることがある。そのことをわれわれはよく意識しておく必要がある。たとえば、治療者が「解釈」を告げたり、忠告を与えたりすると、クライエントがそれに無批判に従ってしまうことがある。自分の考えや生き方と照らし合わせて考えるのではなく、ただ、それに従ってしまうので、後で問題が生じてくるのであるが、治療者はそれに気づかずに、凄くわかりのいいクライエントだと思ったりする。

クライエントの場合は、それでも自分の生きることに直接関係してくることなので、それに対する反撥がどこかで生じてくるだろうが、むしろ、恐ろしいのは訓練の場である。どうしても、指導者がヒルマンの言うような意味での長老になってくる。このような傾向は日本で非常に強いので、指導者になった者は常に心していなくてはならない。筆者もこのようなことを考えつつ、何とも動かし難いと感じるときさえある。みすみす「長老」にならされるのである。その傾向と戦うのは、相当な工夫と努力がいる。

もっとも、治療者としては前述のような「老賢者」の投影を相当に引き受けねばならないときもある。「投影を引き受ける」はやや一方的表現で、どのような場合も転移・逆転移は相互的なものではあるが、ただ、それがなぜいかに生じているかを治療者はできる限り意識化しなくてはならない。たとえば、非常に困難な問題や病理に直面しているクライエントや家族にとって、「自己」のはたらきを自分の内に感じることは難しく、治療者を「老賢者」に見たてることによってのみ、立ち直ってゆけるようなときがある。そんなときに、「私はそんな大それた人間ではない」などと謙遜してみても何の意味もない。その場に要請される真実を生きながら、半歩退いて自分の姿を見ていることが必要なのである。少しまちがうと、治療者に自我肥大《エゴ・インフレーション》が生じて危険なことになる。こんなときは、奇跡的と思えるような治癒が生じたりするが、そこで治療者がそれを「自分の功績」などと考えはじめると、始末に負えない状態になる。

治療者が意識していると、何かのこと(偶然によることが多い)で、治療者が「賢者」でないことがクライエントにとって明らかになるときを、はっきりと把握できる。そのときが、次のステップにすすむときなのである。治療者が少しいい気になっていると、その「とき」が見えずに、クライエントとの間にギャップをつくってしまう。

少し実際的な方向に話がゆきすぎたが、日本人は、自我と自己という対決と相互作用という以前の、あいまいな形で「自己」を受けとめてしまう傾向があるので、その点にはくれぐれも注意を要するであろう。

おそらく、「自己」元型をやたら重視することから、東洋も西洋ももっと自由になり、ヒルマンが言うような「多神教的心理学」を志すのがいい、と筆者は思っている。しかし、そのことを達成してゆくためには、「一神教」というものを、日本的擬似一神教(日本的「自己」との関連における)の理解ではなく、本来のそれに沿って一神教をもっと理解しようとする努力が必要である。そうでないと、多神教のこともわからないのだ。多神論的神学を展開した、デイヴィッド・ミラーは筆者と話し合っていたとき、日本人にとっては、西洋の「一神教を命がけで理解しようとする努力が必要だ」と言った。多神論を唱える彼がこのように言ったことは非常に示唆的であると思った。

4 実際的問題

日本の現代人は相当に西洋化されているものの、まだまだ日本的なものを保持している。表層は極めて西洋的でも、一皮むくと日本的という人もあるし、西洋化の程度が深く及んでいる人もある。クリスチャンであっても夢分析をはじめると仏教的なテーマがつぎつぎと出てくる人もある。それらのどれが別にいいとか悪いとかいうことはなく、ただ、その人の本来の実現傾向はどちらに向かい、それを外界との間にどのような形で折り合いをつけてゆくかを探ってゆくのが、われわれの仕事である。

このために、まずクライエントがどの程度西洋化されているか、今後の方向はどうかなどについて、ある程度の見当をつけておくことが必要である。言語表現としては、西洋流の論理を見事に駆使して、一見「西洋的自我」ができあがっているように見えるが、実はそれは本人がもともと弱いので、西洋的自我に乗っとられているから起こっているときもある。このような点によく注意しなくてはならない。何かにつけて、ホンモノとニセモノを見分ける能力を心理療法家は身につけるように努力しなくてはならない。何によらず、ニセモノはギラギラし過ぎる傾向がある、と知っておくのもいいだろう。

近代自我を基礎とする人間関係は「契約」ということを重視する。それに対して、母性原理に基づく一体感的関係(関係以前とさえ言えようが)では、契約ということを理解することは難しい。それは「水くさい」ということになるだろう。従って、クライエントによっては治療契約を結ぶことが困難なときがある。筆者がスイスより帰国した一九六五年当時では、契約など考えられない人も多く、人に応じて、無料にしたり、いろいろと便法を講じてきた。しかし、最近では相当に一般に理解がすすみ、場所や時間をきめることや、料金をとることに対する抵抗は少なくなっている。しかし、それは「そうなっている」から従っているわけで、契約精神ということにまでなると、まだまだ徹底していない、と思うべきである(3)。

このために、クライエントが場所、時間、料金の限定を不満として、「先生はほんとうに私のことを思ってくれているのですか」と詰め寄ったり怒ったりすることもある。母性原理で考えると、何らの限定もなしにひたすら相手につくすのが愛情だという考えがあるので、クライエントが不満を述べるのも無理はない。しかし、このようにして正面から不満を述べたり怒ったりすることにも大きい意味があるのだ。クライエントの多くは、自分の運命に対して、周囲の人々に対して怒りや不満をもちつつ一度も表現できなかった人たちである。それが、こうして正当な(と思える)ことによって、治療者を非難できることは意義あることとなのである。

しかし、人生は母性原理だけではなく、父性原理も必要である。クライエントの怒りに対して、さして弁明もせずそのまま受けとめつつ、しかも姿勢を崩さない治療者の態度を見て、クライエントはおさえられてきた感情を出しながら、父性原理の重要さをも体験的に知ってゆくのである。

父性と母性のバランスという点で言えば、治療者は男性であれ女性であれ、この両者をある程度共存させていなければならない。そのような点もあって、西洋の心理療法の書物には「受容」ということが強調されているが、これは自我の確立を前提として述べられているわけで、ある程度の父性を身につけた者が「受容」に努力するところに意味がある。そのことを忘れて、日本人が最初から「受容」を心がけると、途方もなく受動的になってしまって、建設的なはたらきが生じないことがある。このような点についても気をつけていなくてはならない。

クライエントのなかには、西洋的な自我確立の傾向の強い人がある。そのために周囲との関係がうまくゆかずに来談する人もある。そのときも、すぐにその傾向をよしとして助長するのではなく、しばらくは様子を見ている方がよい。ともかく、父母やその他の権威に対する反抗をそのような形で表明する人が多く、その後に実際にその人の心がどのように動くかは簡単に言い難いのである。自我確立の傾向の強い人は、それに従ってゆきながら、どこかで日本社会のなかで自我を確立してゆくことの難しさとか、どのような折り合いが必要かなどについても話し合ってゆかねばならない。そのような配慮がないと、不適応を起こしてしまうかもしれないのである。

日本では家族成員間の無意識的な同一化が強いので、ある個人を引き受けることは、家族全体を引き受けることと覚悟しなくてはならないときがある。ここに言う「同一化」とは、家族間の仲が良いとか、連絡が密とかいうこととは、次元の異なることに注意しなくてはならない。人間と人間としての感情のレベルではほとんど関係がなく、その意味では「冷たい」関係であるが、無意識の深みでつながっている。従って、ある個人が変化しようとしても、家族の全員が無意識に「足を引っぱる」ような関係になっている。

このようなときに何とかしようと焦って、父親にも会い母親にも会ってということをしても、もつれた糸をあちこち引っぱるのと同じようなことになる。時に応じて家族に会うことも必要だが、やはり、あくまである個人を通じて家族全体の動きを見てゆく方がいいように思われる。

家族全体をひとつのシステムとして行う家族療法は、先に述べた考えとは異なる、またひとつの方法である。筆者はあまりそのようなアプローチを取らない。既に述べてきているように、筆者は操作的な方法をほとんどとらず、可能性がはたらき出すのを待つ方なので、家族全体のことは常に考慮しているが、それを操作しようという気はあまりないのである。

前述したような日本の家族関係の在り方のために、家族のなかのある一人が代表になって、「家族の病い」を引き受けているようなことが多い。その人をスケープゴートにして家族の他の成員が「幸福」に暮らしているようなときもある。そこで、その人の治療を開始すると、他の人は自分の「幸福」を脅かされるようなことがでてくるので抵抗するのも当然と言える。もちろん、治療がすすむにつれて、破壊と建設を繰り返しながら、次元の異なる「幸福」を得ることにもなるのだが、このような家族の苦しみについても、治療者はよく理解しているべきである。さもなければ、クライエントと同一化して、「家族の無理解」を嘆いてばかりいなくてはならない。

注

（1）　Jung, C. G., "Concerning Rebirth," in The Collected Works of C. G. Jung, vol. 9, I, Pantheon Books. 林道義訳「生れ変わりについて」、『個性化とマンダラ』みすず書房、一九九一年、四一頁。

（2）　J・ヒルマン「心理学——一神論か多神論か」、D・ミラー、桑原知子／高石恭子訳『甦る神々——新しい多神論——』春秋社、一九九一年、所収。

（3）　精神科医の中井久夫は「治療契約でなく、治療への合意」が問題という表現をして、わが国における治療関係の特殊性を説明している(中井久夫『精神科治療の覚書』日本評論社、一九八二年)。

第七章　心理療法における技法

心理療法にはいろいろな技法が用いられる。絵画療法、箱庭療法、自由連想法、などなど、それに言語的に行うカウンセリングにおいても、クライエントの発言にどう答えるかを「技法」として考えると、実に細かい技法の問題が関連してくる。これに対して、人間に対するのに「技法」など考えるのはおかしい、愛情をもって接するのこそ大切であるとか、人と人との「出会い」が大切だと主張する人がある。ここにも心理療法における二律背反が存在するようで、どちらか一方に傾くと問題が生じるように思われる。

心理療法を行なってゆく上において、愛とか出会いとかについて考えを深めることが必要なことは当然である。ただ実際的な事実から言えることは、宗教、哲学、教育に関する偉い学者でも、実際は目の前に妄想を語る人や自殺未遂の人が現われると、どうしていいかわからないことが多いようで、それよりは臨床心理学の訓練を受けた大学院生が会う方が、意味のあることができる、ということである。そこにはやはり訓練された技法の存在、ということを肯定せざるを得ないと感じさせるものがある。かといって、技法にとらわれてしまうと本末転倒になってしまうし、技法を磨くためには、その意味についての考えを深める努力を必要とする。そのような点を勘案しつつ、技法の問題について考えてみたい。

1　技法の意義

心理療法の技法の中核は、人間と人間との関係ということである。このことは決して忘れてはならない。箱庭療法などというので、箱庭をつくれば治る、と言うのではない。最近、箱庭療法の道具一式を購入し、家で登校拒否の子どもに箱庭をつくらせている母親の話を聞いて唖然とした。このような誤解が生じるのは、「科学的方法」によって「治す」というイメージがどれほど一般に強くなっているかを示すものであろう。

このような誤解を支えているのは、最近における科学技術の急激な進歩である。その「技術」によって、人間は今まで不可能と思っていたたくさんのことを可能にした。「技術」の特徴は、そのマニュアルに従う限り、必ず思いどおりの結果が得られることである。こんな便利なことはない。現代人はこのことに慣れすぎて、何かを「操作する」ことによって望みどおりの結果を得るという「技術」を人間に適用しようとする。心理療法家を訪れる多くの人が「先生、何かよい方法はないでしょうか」と訊くのは、そのためである。

人間が、よくなったり偉くなったり賢くなったりする「よい方法」があれば、まず自分自身に適用したいと筆者は思っているが、どうもないようである。蛇足であるが、だからと言って、「よい方法はない」と断言するのがいいとは限らない。そんなことを言えば次からこなくなる人もあるだろう。無駄と知りつつクライエントと共に、「よい方法」を求めて右往左往することが、「人間関係」の成立にもっとも有効ということもある。そんなときは筆者も、あれをやってみたらとかこんな方法もあるなどと言っているし、言っているうちにひょっとしてうまくゆくかも、などと思うくらいになる。そのようにして、関係を深めることに意義があるのだ。

話が横道にいったが、「技術」というのは、人間が自分とは切断された対象を操作するときに有効にはたらくのである。これを割り切って言うと、人と物との関係と言えるだろう。もちろん、人を対象とするときでも、何人の人間をどこからどこまで移送するなどというときは「操作的」に考えられるが、それは人を物体的に扱えるときである。

技術の場合、非常に大切なことは、それをする人がどんな人かは問題にならず、マニュアルどおりにする、ということである。手続きを勝手にして、順序を変えたり手抜きをしたりすると大変なことになる。しかし、手続きを指示どおりに守れば結果が確実に得られるところが魅力なのである。

指示どおりに従い、変更不能という点では、「儀式」も同様である。儀式の場合は、人と物ではなく、人と神(絶対者)との関係が中核になる。儀式も技術と同じく、するべきことは確実に決められているが、背後に存在する考えはまったく異なっている。技術によって人間は物を操作する。そこには極めて合理的な因果法則を武器として使っている。それに対して、儀式の場合、人と神との間には切断があると考えるキリスト教のような場合と、切断をあまり感じさせない日本の神道のようなのがあるが、一応、人対人の関係とは異なると考えてよいであろう。これはある意味では人と物との関係にも似ている。しかし、技術によって、人間が物を操作しようとするのに対して、儀式の場合は、人が神から与えられる啓示や救いなどを受けとろうとする。儀式の行為は積極的に行われるにしろ、根本姿勢は受動的である。それは因果法則による支配ではなく、神の意志を受ける非合理的な方法なのである。

このように、技術(technology)と儀式(ritual)を説明してきたのは、心理療法における技法(art)を、この両者の中間にあるものとして考えると了解できると思ったからである。そして、その技法はこの両者のどちらに近づくかによって、少しずつニュアンスが異なってくる。これを一応表2に示しておいたので、これに従って説明する。

表2　心理療法における技法

	関係	方法	基礎	作用	結果	限界
儀式	人と神	決定	ドグマ（共時性）	受動（帰依）	不確定（奇跡）	無し
技法	人と人	ある程度の自由度				
技術	人と物	決定	理論（因果律）	能動（操作）	確実	明確な限界

心理療法は人対人の関係を基礎としている。芸術の場合、作品をつくるときは人と物との関係のようだが、作品の鑑賞ということを考えると、基礎として人と人との関係があることがわかる。その方法は儀式や技術のように変更不能なものではなく、ある程度の原則はあるにしても、場合によって変更することができるし、またそれは必要でもある。たとえば、心理療法においては、時間・場所・料金などを守ることは大切であるが、「絶対」ではないし、それを破ることが必要な場合もある。もちろん安易にはできないが、治療者の判断と責任においてそれを必要とするときがある。

心理療法の技法で、その方法が相当明確にきめられていて変更不能なように思われるのがあるが、それが「技術」の方に近い行動療法のようなときと、「儀式」に近いと思われる、東洋的な身体を用いる技法の場合とでは、意味合いが著しく異なってくるので注意を要する。技法のところの欄をひろくして点線を書いているのは、この範囲がひろく、治療者の属する学派や技法の差によって相当に相違があることを示すものである。

心理療法の技法の特徴は、あくまでこのような中間帯にとどまって、治療者も苦しみながらすすんでゆくところにあり、治療者があまり苦しまず、きまりきった方法で行なっているときは、その分だけクライエントの苦しみを増すような、偽技術、偽儀式になってしまっていないかを反省すべきである。ただ、問題が簡単で、クライエントの自我も強いときは、技術的な方法に近い方法で有効な結果を得られるときが多い。問題が深くなると、クライエント(及び治療者)の可能性で勝負するところが大となってくる。可能性と言うのは、ともかくその時点では存在さえ不明なことなので、「神頼み」に近くなってくるのだが、それを「儀式」によるのではなく、むしろ、治療者の態度によって、その活性化をうながすと考えるのである。「儀式」は用いないにしろ、それに類似の現象は用いていることだし(一週間に一度、きまった時刻にきまった場所で会うのも「儀式」と言えそうである)、治療者としての「受動性」の保持や、共時的現象に対して、常に心を配っているところは、宗教的な方に近いと言うことができるであろう。

筆者がお会いする方には、その人の問題は常識的に見て解決不能と思われるようなときがある。そのようなときでも「可能性」を信じてお会いすることになるのだが、やはり、そこには、治療者を動かす「何か」がなければならない。このことを極めて端的に、「クライエントのどこか好きなところがなかったら、引き受けない方がいい」とスイスのユング研究所のある指導者が言ったが、これは名言だろう。「どこか好きなところ」というのが、なかなか味わいの深い表現と思うのである。可能性に賭けるには、それ相応の心の動きが必要なのである。今まで誰にも感じとれなかった可能性が顕現してこそ、奇跡的な治癒が生じるのである。

儀式・技術・技法という三分法は、儀式・仕事・遊びという三分法の考えと対応しているところがある。ホイジンガやカイヨワの遊び論を思い起こしてみると、前者の三分法の意味が深められると思われる。これらの遊び論を背景にして言えば、技法には「アソビ」があるところに、その特徴があると言えるだろう。儀式や技術には許されていない自由度というのが「アソビ」に対応している。

車軸と軸受けとは、あまりかっちりとはまりすぎていると回転しないので、少しの間隙をもたさねばならない。それを「アソビ」と呼んでいる。アソビがないと円滑に回転しないし、アソビがありすぎると軸がガタガタして回転はうまくゆかない。適切なアソビが必要ということになる。心理療法の各技法も、適切なアソビをもって使用されることによって、円滑にはたらくものと思われる。そのアソビの適切さの判断に、治療者の人間としての在り方が関連してくるのである。

2　種々の技法

心理療法には実に多くの技法がある。それらすべてについて述べることは、とうていできないが、全体としてどのように考えるか、について述べてみたい。

ある技法が特定の学派と結びついている場合と、そうでないときがある。たとえば、自由連想法はフロイト派および実存分析に限られるし、能動的想像(active imagination)を使うのはユング派だけであろう。あるいは、森田療法、行動療法などはそれ特有の方法をもっている。しかし、絵画療法、遊戯療法となると、いろいろな学派の立場からそれを行うことができる。対話の場合も、もちろんである。あるいは、個々の事例によって、日記を書くように指示したりすることもあるだろう。心理療法を行なっていると、どれかの技法が使えそうに思ったり、あるクライエントに対して適切と感じたりすることがあるが、その技法のよって立つ理論や、実際的な注意などがあるので、それらを無視して安易に使用しないことを心がけるべきである。

多くの技法があるが、意識―無意識、という軸で位置づけてみることもひとつの方法であろう。対面での話し合いは、もちろん意識的なかかわりが強い。しかし、それに対する治療者の応答によって、クライエントの心のはたらく層は変化してくる。クライエントが、「何だか外が怖くて一歩も出られないのです」と言ったとき、「何時からそうなりましたか」などと質問してゆくと、意識的なはたらきが強くなる。「それは辛いことでしょう」と言えば、感情的なところが作用するだろう。ただ「はい」とだけ言っていると、また違った反応になってくる。もちろん、このような言語表現の形式だけではなく、治療者の心の開き方ということも関連してくるが、ともかく、治療者はこのクライエントとどのようなときに、どのあたりの層に焦点を当て応答している、ということは意識していないといけない。

心理療法はまず対面の話し合いを基礎としているので、このような細部にわたる技法的な検討をおろそかにしてはならない。クライエントがもっぱら外的な事ばかり話をしていても、治療者がそれを内的イメージとしても受けとめていると、表面的な会話の層は浅いようでも、深層の動きがそれに伴って生じる、ということもある。あるいは、時に助言を与えるにしても、クライエントにとってまだ意識されてはいないが、そのときに言っておくことが将来意味をもつだろう、と思ってするときと、現実にするべきこととして助言するときと、別にそれによってクライエントが何かするということを期待するのではなく、治療者は「ともかくあなたのことをいろいろ考えているのですよ」ということを伝えたいときと、その言い方は大分異なってくるであろう。何気なく見ると、ただ二人の人間が話し合いをしているように見えるだろうが、治療者の心のなかでは細かい心の動きが生じているのである。

対面の話し合いに対して、自由連想法や夢分析、イメージ療法などは言語を用いるものではあるが、無意識的なレベルの関与が強くなってくる。筆者はもっぱら夢分析を用いているので、それについて少し述べる。夢分析の場合、夢を記憶するのみならず、それを書いて記録することに大きい意義があると思われる。無意識的な素材を用いると言っても、それに意識がどうかかわり合うかが非常に大切であることを忘れてはならない。その点、夢を文章として書くということは、それだけでも相当な意識の力を必要とするものである。

ユングが創案した、能動的想像の方法についても一言述べておく。これはたとえば夢に印象的な少年が現われたりすると、その少年をイメージして、その少年と対話を試み、それを記録してゆくのである。記録をするので意識ははたらいていなければならないが、そちらに傾きすぎると、「対話」の内容は、自分が意識的に考えていることになって、あまり興味のないものになる。しかし、記録をやめて、イメージの自律的なはたらきにまかせてしまうと、それは無意識な力が一方的に強くなりすぎて、意識との相互作用が生じない。

従って、意識と無意識の微妙なバランスの上に立って、それを行わねばならない。

この方法を行うときに、「対話」の相手としては、夢に出て来たイメージのような非現実的な人物を選ばねばならない。実在の人物と行うと、外的現実と混乱してしまうので決してしてはならない。

言語的—非言語的という軸で考えると、以上述べてきたような言語的な技法に対して、絵画、箱庭、粘土などの造形による表現、遊び、などを用いる技法がある。このようなときも、繰り返しになるが、まず治療者とクライエントとの人間関係が基礎にあることを決して忘れてはならない。といっても、関係が「成立」して表現がされる、というように段階的に考えるのではなく、作品を見て関係が深まることもあるし、関係の深まりによって表現も変化してくるわけだから、相互作用的に考えねばならない。

表現をするときに、クライエントが、上手、下手ということや美的作品を作ろうとすることなどに心をとられないように注意しなくてはならない。ともかく「自由に」ということが大切である。そのことによって、無意識の自律性がはたらいてくるわけである。夢の場合は睡眠中に生じてくるので、無意識のはたらいていることは明らかであるが、表現活動の場合は、相当に意識の関与があるので、極めて表層的な表現も行われ得る。これは欠点でもあるが長所でもあって、クライエントは必要に応じて自分を「守る」ことができるので危険性が少ないわけである。

このような療法の際に、「表現」という言葉をよく使うので、クライエントにとってはわかっていることが、絵や箱庭によって「表現」または「表出」されると思われるが、これらのことが療法としての意味をもつのは、そのようなことをこえて、そこに何らかの創造活動がはいるからであることを知っておくべきである。つまり、クライエントは自分にとって既に知っていることを表現するというより、そのような活動をしている間に、自分でも今まで気づかなかったことが出てくる、あるいは、新しい可能性が生まれてくる、のを感じるのである。絵を描き、箱庭をつくるということ自体が治療につながるところがある、とも言える。

前述のような意味で、小説、詩、俳句、音楽、あるいは写真撮影などと、いろいろな創造的活動にクライエントがはいりこんでゆくときには、だいたいそれを励ますようにしている。そのような創造的な活動を通じても治療はすすんでゆくのである。筆者がお会いするクライエントの方々は、別に何も言っていないのに、心理療法の過程のなかで、小説を書いたり、絵を描いたり、いろいろな創造的なことをはじめられる方が多く、感心している。心理療法が終って後も、それを趣味として続けている人は多い。

次に、心―体、という軸で技法のことを考えてみたい。まず、言語的のみならず「身体も動かせて」わかるという意味では、心理劇、森田療法における作業などがあるし、箱庭療法においても、手で砂に触れるということは身体的な意味をもつだろう。集団療法の技法としては、身体を動かすことや触れ合いなどが用いられる。ダンス療法というのもある。ゲシュタルト療法においても、身体の動きが重視されている。

このように身体を動かすことは大切であるが、それと意味合いの異なる身体性の問題が心理療法の技法にかかわってくる。それは主として東洋的な考えから生じてきたアプローチで、「心身一如」という考えによって、身体を整えることによって心も整ってくる、という考えを基礎に置いているものである。西洋的な分類によると、宗教、哲学、心理学、医学などと区別されるものが、東洋では一体となって、宗教のなかに包含されてしまっていることが多い。従って、禅も広義の心理療法のなかに入れて考えることも可能である。あるいは、ヨガなどもそうであろう。このような考えによって、むしろ、東洋医学として発展してきているのもある。

このような方法は心理療法と異なると考える人もあろうが、身体を対象としているようであるが、心身一如という考えによって、心の在り方を問題にしてゆくのだから、広義の心理療法と考えるのが妥当であろう。そして、これらの説によって通常の心理療法も教えられるところが大きい、と筆者は考えている。たとえば、言語を用いるにしても、自由連想の場合、寝椅子上に横になるという身体の姿勢が非常に大切になるし、夢分析の場合は、対話の素材とする夢は、睡眠中に得られたものである。従って、これらの方法も「身体」の在り方とかかわっているわけである。

このように考えると、言語的、非言語的な技法にいろいろあるとしても、そこに共通に認められるところは、何らかの意味でのリラクセーション、という点にあると思われる。通常の生活において緊張している部分をリラックスさせる。しかし、それは全面的なものであってはならず、何らかの緊張と共存していなくてはならない。ユングによる能動的想像の技法に示されているように、緊張と緩和をうまく両立させることが必要なのである。それをいろいろな工夫によって、もっとも効果的な方法として提出するのが技法であるが、強調点の差によって少しずつ色合いが異なっているもの、と考えられる。

このように考えると、対面によるカウンセリングなどのときでも、カウンセラーのとるべき姿勢として、緊張と緩和の適切なバランスということが大切とわかってくる。いわゆる、「マジメ」とか「一所懸命」とかいう表現で示されるような態度ではなく、カウンセラーはリラックスしていなくてはならない。といって、それは単なるリラックスではなく相当な緊張を必要とする。このような姿勢は、スポーツ、芸術、などすべての技法(art)に必要なことと言っていいのではなかろうか。筆者はスポーツを観戦するのが好きであるが、そこから、心理療法家の技法の向上のために多くのことを学んでいると思っている。芸術の場合ももちろんである。

3　技法の選択

心理療法には実にいろいろな技法があるが、いったいそのなかのどれを選択するのか、という問題がある。ともかくいろいろあるのだからできるだけ試してみるとよい、と考える人もあるようだ。ひどい場合は、「箱庭をやらせましたが、うまくゆかないので、リラクセーションをやらせましたがこれもうまくゆきません、そこで……」というようにつぎつぎとやってみてもどれもうまくゆかなかったことを公表したりする人もある。これなどは、まるで薬を飲ませるように順番に飲ませて、どれが効くか試してみているようなのだが、心理療法における技法とはそんなものでないことは、前節に述べたとおりである。治療者がその技法にコミットしていることが、まず大切なのである。先に述べたような人は、まるでそれぞれの技法が効果がないことを発表しているようでありながら、本人が治療者としては駄目なことを公表しているようなものである。

心理療法家は自分の得意とする技法を身につけ、それを中核としてある程度、他の技法のことを理解したり、時には補助的に使用したりということになるであろう。もちろん、基本となるのは対面の話し合いであるので、これができなかったら問題外であるが、その他に何らかの技法を身につけている方が便利なように思う。たとえば、緘黙児《かんもくじ》がきた場合、治療者が安定した気持で傍にいるだけでもいいのだが、なかなかそれは難しい。そんなときに箱庭をつくってもらったり、絵を描いてもらったりすると、治療者も安定した気持でいられ、関係が深まってゆくのである。

しかし、何らかの技法は特定の理論、学派と結びついている。単にやり方を覚えるとよいなどということはなく、治療者が技法を選ぶことは学派の選択にまでつながってくることである。そこには治療者の人格が深くかかわってくる。これについて筆者は既に述べたように、どの学派が正しいなどというのではなく、どの学派が自分に適しているか、と考えるのが妥当であると思っている。

それでは各学派がどのような特徴をもっているのかという点について、筆者がアメリカ留学中に学んだクロッパーとシュピーゲルマンが一九六五年に発表した論文がある(1)。古いものではあるが今も価値があり、考えをまとめるのに便利と考えるので、それを次に紹介する。既に他にも発表したことがあるが、これを基にして次に考えを展開してゆくので、ここに繰り返す次第である。これは、クロッパーおよびシュピーゲルマンの分析家であり、

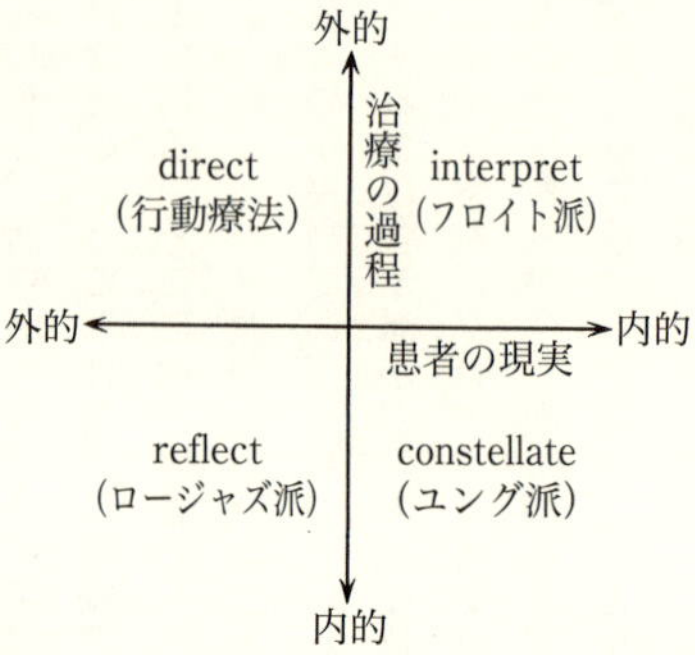

図3　心理療法における学派の相違

筆者の分析家でもある、チューリッヒのC・A・マイヤーの分析の特徴を明らかにしようとして論じられたところがあり、表中、ユング派として示しているところは、同じユング派でもマイヤーに特にそれが感じられる、ということもある。筆者もその流れをくんでいるのである。

図3によって簡単に説明する。ユングによる外向―内向の考えによって、まず縦軸として「治療の過程」を外的・内的に分ける。次に横軸としては「患者の現実」を外的・内的に分ける。これによって図に示したような四つの領域ができる。これを説明すると、まず、患者の現実とは、患者の実際の行動や人間関係、症状などを扱うのが「外的」であり、患者の夢や連想などを扱う、あるいは患者が「外的」なことを語っていても、それを内的イメージとして扱うとき、それは「内的」ということになる。次に、「治療の過程」としては、患者が外的にどれほど適応し成功していったか、症状は消えたのか、などを狙いとするときは「外的」であり、ユングの言うような自己実現や、ロージャズの言うような十分に機能する人間、

などを狙いとするとき、それは「内的」ということになる。

　このような四領域に対応するものとして、各学派が考えられる。治療の過程も患者の現実も「外的」なことを扱う療法として行動療法があげられる。確かにこれは行動の変容を目的とし、人間の「心」などを問題にしないのではっきりしている。ここでは、指示する(direct)ということが技法の中心になる。次に、患者の現実としては、対面の話し合いで、外的な行動などが論じられるが、治療の過程は、患者の内的成長に焦点を当てるという点で、ロージャズ派があげられる。この際、患者の感情や考えなどについても話し合ってゆくので「内的」ではないかという人もあろうが、ここで患者の現実の「内的」という場合は、もっと無意識的な領域を指していると考えていただきたい。ロージャズ派の場合は、クライエントの感情を反射する(reflect)こと、あるいは内省する(reflect)ことなどが技法の中心となる。

　次に、患者の現実としては、自由連想、夢などの内的なことを取り扱うが、治療の過程としては、外的な行動の変化の方に焦点をおく、という意味で、フロイト派がその代表となる。ここでは、解釈する(interpret)ことが技法の中心となる。最後に、患者の現実、治療の過程、共に内的なものとしてユング派があげられ、ここでは constellate ということが技法の中心になる。ここに示した constellate という語については少し説明する必要があるだろう。この語は、constellation（星座）という語から動詞としてつくられた語である。これは自動詞にも他動詞にも用いられるが、星座から連想すると、それは本来は自動詞であろう。それを敢えて他動詞として使って、技法の在り方として述べているのだが、そこに既にパラドックスがあると見るべきである。

constellate と言う場合、治療者はその無意識に対して開かれた態度によって、クライエントの無意識に浮かびあがり、何かを形づくってくるものによって治療をすすめようとする。それはある意味では自然に constellate してきたものなのであるが、治療者の態度がそれを引き起こしたと考える場合は、治療者が constellate したとも言える。しかし、治療者が何かを constellate しようとしてもできるものではない。というよりは、治療者がそのような気持をもつと、かえって治療過程は生じないであろう。それは非常に微妙なものである。しかし、ここでは一応「技法」として、他動詞的にこの用語を使っているわけである。

ところで、以上のような四つの分類は、もちろん極端に過ぎることを、クロッパーもシュピーゲルマンも認めている。そして、彼らは、実際の心理療法家は、この四つの領域をクライエントの状況において適当に動いているのではないか、むしろ、そのようなことが望ましい、と述べている。まさに、そのとおりで、行動療法の治療者が、そのプランに基づいて、行動の変化を順次に行なっているとしても、その間にクライエントが家族の話などをはじめると、それを「ウン、ウン」と聴きながらすることになろうし、そうなると、その人は、ロージャズ派の領域の方に移動していることになる。

あるいは、ユング派の治療者がもっぱら夢を素材として話し合っているとしても、対人恐怖の人が思い切って友人に会ってみよう、などと言うとき、笑顔でうなずいたりしていると、それは行動療法の領域に動いていることになる。そのようなことがおかしいとか悪いというのではなく、実際的にはむしろ望ましいと言っていいだろう。しかし、大切なことはなぜ自分がそのような変化をしているのかを治療者が自覚していなくてはならないことである。それは、ほんとうにクライエントの必要性に応じた変化なのかを吟味してみる必要がある。

それではどうしてはじめからオール・ラウンドの治療者を狙わないのか、と言われそうだが、やはり、人間には限界があり、自分の得意とするところでまず足場を固め、その後に領域を広げることを考えるのが得策と思われる。それと、自分の得意とするところをよく弁えて、不可能なことにはあまり無理に挑戦しない方がよさそうにも思えるのである。

以上は、治療者がどのような技法ならびに学派を選択するか、ということであったが、クライエント側から見ればどうであろうか。一応理論的に言うと、いろいろの学派があるとも言えるが、心理療法の実際という点になると、それほどの差があるものではない。学派の相違よりも治療経験の程度の差による方が、実際的な差が大きいという研究結果さえあるくらいである。しかし、時によっては、あるクライエントに対しては、ある学派なりある技法が特に適切である、ということもある。この点については、最初の面接のときに、そのようなことを考えておかねばならない。

外向的な人で、症状の消失を急ぐ(仕事の関係などによって)人に対しては、筆者は行動療法の説明をし、筆者の方法とはどのように異なるかを述べ、クライエントに好きな方を選択してもらうようにしている。これまで、このようにして何人かを行動療法の治療者に紹介したことがある。

個人療法と集団療法という点について、これも論じはじめると多くのことがあるが、筆者は集団療法を行わないので、あまり論じないことにする。ただ個人療法の過程のなかで、時に集団の体験をすることが意味がある、と思われるので、適当と思われるものに参加するのをすすめたり、また、クライエント自身がうまく探しだしてきて参加しようとするのを積極的に利用したり、ということもしている。集団体験のなかには、個人に対して著しく侵襲的なのがあり、そこで受けた傷を癒したり、混乱を回復させるために、筆者のところに訪れてきた人もかなりいる。これは、本来ならば、集団の主催者がするべきことだとは思うが、できるだけのことはしてきたつもりである。

注

（1）Klopfer, B. & Spiegelman, J.M., "Some dimensions of psychotherapy," in Spectrum Psychologiae, Rascher Verlag, 1965.

第八章　心理療法の初期

本章から三章にわたって心理療法の過程について、三部分に分けて論じることにする。これまでの章と異なり心理療法に関する具体的なことが語られることが多くなるが、やはり「心理療法とは何か」について考えてみる態度は大切にして、常にそのことを念頭に置きつつ論をすすめたい。従って、いわゆる「技法論」として、実際場面のことについて、きめ細かく論じるのとは異なってくる。それはそれでまた別書に譲るべきであって、本書の狙いは、心理療法の実際的な流れを書きながら、心理療法の本質について考えるところにある。その点を了解して読んでいただきたい。「実際的」問題としては、もっと取りあげるべきことも多くあるが、ある程度は割愛せざるを得なかった。

心理療法の過程といっても、一回の面接で終るのもあり、二十年にも及ぶこともある。途中で中断して何年か後に再開されることもある。それらすべてをまとめて論じるのもどうかと思うが、一応次に示すような構成で論じることにした。後述するように、「療法」

という態度よりも「支持」という態度の方が強くなることもあり、後者の場合はよくなるというより、現状を維持することに意味があるということにもなる。事例によって重要となるポイントはさまざまであるが、一応一般的に心得ておくべきことについて述べることにする。

1　見たての必要性

心理療法の分野で一時「診断無用説」などということが主張された。既に第一章に述べたように、心理療法においては、治療者の基本的態度が大切で、クライエントとの間にこれまでに述べてきたような「関係性」が成立することが必要である。これがうまく成立するときは、クライエント自身が「治る」という感じが強く、確かに「診断」などということは何の必要も感じない。

それのみではなく、医学の領域から借りてきた「診断」に強くとらわれると、先に述べた心理療法家としての基本的態度が壊される、という重大な結果を招くことになる。こんなところから、「診断無用論」も生まれてきたのである。このようなことを強調する人のなかには、治療者は「何らの前提ももたず」に、ひたすらクライエントの歩みに従ってゆくべきだなどと主張する人もある。しかし、筆者はそんなことは不可能であると思っている。人間である限り、考えたり感じたり予想したりなどするのは当然で、むしろ、自分がどのように考え、どのようなことを前提にしているかをできるだけ意識化し、そのつど調整してゆくことぐらいしかできないと思っている。

医学的病理診断は、心のことが関係する場合、診断が確定したならば、すぐに有効な治療法が明確に成立するものでないことも認識しておく必要がある。第一章に医学モデルについて述べたように、病気が「腸チフス」とか「結核」とか診断された場合は、それに対する治療法が存在しているが、たとえば、クライエントに「不安神経症」という病名を告げても、それではどうするのです、となると心理療法を行うことになって、それがどのような道を歩むことになるかは治療者にとっても明確にはわからないのである。それにもかかわらず、病理的診断もある程度行うことが必要と筆者は考える。もちろん、ここで「見たて」という用語を用いたのは、病理的診断のみならず、もっと広い観点からクライエントを見る必要性を感じるからである。

「見たて」という用語を心理療法の領域において、有用なこととして導入したのは、土《ど》居《い》健郎《たけお》であろう(1)。これは確かに「診断」という用語よりはるかに心理療法に適している。診断は近代医学の概念であり、その考えのみに頼っていては、心の病いに対応することができない。「見たて」は病理診断的な見方も含んで、心理療法家が第3節に述べるような「物語」を、このクライエントといかにつくりあげてゆけるかを「見たてる」のであり、ある意味では治療の終結やその後に関してまでも、そのなかに含まれてくるのである。ただそれは、あくまでそのように「見たて」ているのであり、「診断」でも「託宣」でもなく、治療経過のなかで変化することも十分に考えられる。途中で変化するので何も考えないというのではなく、やはり、最初に見たてることをしてこそ、われわれは専門家としての責任を負うことができるのである。

まずはじめに病理的診断にかかわることで大切なことは、医学的治療を必要とする人を見分けることである。器質的要因によって精神に障害をきたしている人は、ぜひ医学的治療を受けねばならない。このような人を見分ける重要な手がかりは、意識の喪失とか多動とか突発的な行為が、治療者の物語構成力のなかに入れこみ難い、「おやっ？」と感じさせられる点である。このようなときは専門医に紹介するべきであるが、そのときにクライエントに無用の不安を与えたり抵抗を生ぜしめないように説明することが大切である。なお、てんかんの場合など薬物投与のみでなく、心理療法を行うことが有効なときもあり、それは医者と協力して行うとよい。器質的な疾患だから心理療法不要ときめつけるべきではない。

病理的診断は、大まかに言って、分裂病圏、躁うつ病圏、ボーダーライン、神経症圏、いわゆる正常、のどこにはいるかを見る必要がある。心理療法家が非医師の場合は、たとえ心理療法的接近が有効と思っても、精神病圏内の人と思われるときは、医師の診断を必要とする。そして、必要な薬物などの治療と併用することになるが、このあたりは極めて微妙なことになるので、非医師で精神病圏のクライエントに会う人は、お互いによく知り合って緊密に協力し合うことのできる医師との協力関係をつくりあげるべきである。

急性の精神症状を呈しながら(幻覚、妄想など)、薬物に頼らず心理療法のみで回復する人を見分けることも重要である。そのためには後述するような判断が必要であり、それによって確信をもっても、治療者が非医師の場合は一応医者に紹介して意見を訊くべきである(このようなときこそ、緊密な協力関係にある医師を必要とする)。

病理的診断が確定したからといって、有効な治療法が見つかるわけではない。しかし、それが必要なのは、既に述べたように医療との関係についての判断があるが、次に、治療者として、どのくらいの年数かかわることになるかという見とおし、あるいは「覚悟」ということに関係してくる。ボーダーラインの人を引き受けると、その程度にもよるが十年くらいは何らかの形でつき合うことを覚悟しなくてはならないであろう。ボーダーラインの人を、いわゆる正常、それも才能の豊かな人などと思って、安易な気持で引き受けると、大変な失敗をしてしまうであろう。

病理の重い人に対しては、心理テストにしろ、治療技法にしろ侵襲性の高いものは避けねばならない。夢分析や箱庭療法などを導入するとき、いつどのようなときにするかを慎重に考えねばならない。これはあくまで「慎重に」ということであって、してはならないのではない。危険を感じたらやめるとか、適当な間隔をあけるとか、常に夢や箱庭の内容を見て判断しなくてはならない。ここでも、治療者自身が自分の「容量」の限界をよく知っていることが必要となってくる。

最近では何ら症状をもたないが、「自分を知るため」とか「自己実現のため」などと称して心理療法家を訪れる人がある。そのときは特に注意が必要である。大きい内的課題をもちながら、それを「症状」として結実させるだけの力をもっていない人が、無意識的に治療の必要性を感じて来談されるからである。これは「教育分析」を受けにくる人にも、まったく当てはまることである。

いわゆる潜在性精神病を見分けることは、困難なことである。投影法のテストや夢が役立つこともあるが、必ずしも決定的なことは言えると限らない。メルクマールのひとつとして、話されることの内容とこちらが感じるものとのズレということがある。普通の話題が普通に語られているのに、こちらが極端な疲労を感じたり、わけのわからない攻撃性を感じたり、外へは噴出してきていないマグマの胎動のようなのを感じたりする。あるいは、生活史を聞いているときに、「何だかおかしい」としか言いようのない、つじつまの合わない感じがする。それと「できすぎている話」というのも危い。このようなときは治療者が強い魅力を感じて、ぜひこの人と共にすすんでゆきたいなどと思う。あまりに強い魅力を感じたときは、一歩二歩退って考えてみる必要がある。興味深そうな共時的現象をたくさん語るような人も要注意である。

以上ごく簡単に述べた病理的診断のみならず次節に続いて述べる心理療法の可能性などについても判断するのが「見たて」である。そのとき、病理的診断をするときは、相当に客観的に事実を知ろうとする態度を必要とするし、心理療法の可能性を知るためには、そして、それ以後の心理療法の展開を促進するためには、客観的な態度ではなく、第一章に述べたような関係性に対して開かれた態度を必要とする。この両者は相いれない性格をもっているので、その点に留意しつつクライエントの在り方によって適当に変化させながら会ってゆかねばならない。これが初回面接の非常に難しいところである。このようなことを一回のみの面接で行うことは困難と感じたときは、その旨をクライエントに告げて、二、三回会ってから方針を決めるということにもなろう。

精神症状が重いときや、犯罪者でそれが殺人など重大なものであるときは、客観的に事実をおさえることを忘れないようにしなければならない、といってもそれを最初に訊く必要はない。ただ、初回面接のなかでその点を明らかにすることをしておかねばならない。犯罪を犯した人に対しては、それに関する罪責感の在り方を知ることが大切である。罪責感をもち過ぎている場合、全然感じていない場合、いずれにしても困難であるが、その程度を知っておく必要がある。

2　心理療法の可能性

心理療法が本格的に行われるときは、クライエントにとって何らかの意味の心理的課題の解決あるいは達成が行われる。そのときにはしばしば何らかの破壊と再建設が行われる。このような仕事を治療者とクライエントの協力によって、なし遂げることができる、という予想をもたねばならない。

たとえば、母親からの自立という課題にしても、その年齢や環境によって程度があるだろうし、その母親の特性、協力の程度によって大いに差があるだろう。それらをできるだけ勘案して、可能性がありと感じられたときに治療を開始することになる。このとき、治療者自身の能力も条件のひとつとして考えねばならない。仕事の大きさに対して、クライエントの力や周囲の状況などがあまりにも不適当であるときは、治療を断るか、あるいは、「治療的」よりはむしろ現状を支えてゆくだけでも有意義と判断するときは、そのような会い方をするという方針で引き受けることになる。

遂行するべき仕事とクライエントの強さとを考えながら、クライエントのどのような意識のレベルと向き合うことになるのか、と考えてみると、ある程度、治療者の姿勢が定まってくるであろう。支持的になるときは、なるべく外的現実にどのように対処してゆくか、ということに重点をおくことになる。それが、深いレベルを問題にしようとするときは、外的なことにあまりかかわらず、深い層に焦点を当てて聴くようにしなくてはならない。

治療者の関心の度合いが浅かったら、クライエントはそのような話をするより仕方ないか、ズレを感じてこなくなるだろう。このようなときでも、浅いレベルのことを少しは成し遂げて適当に礼を言ってやめるクライエントも多いので、そんなのを治療者としては「成功例」だと思っていることもある。あるいは、クライエントの状態も考えずに、治療者が深い層に注目し過ぎて、不安に陥れて来談しなくなったり、精神症状を誘発することもある。

支持的に会うという場合に忘れてはならないことがある。それはできるだけ表層の意識や現実に焦点を当てているが、現実面の強化を焦ったり、深層の現実を「無視」しようとしてはならぬことである。筆者は心理療法をはじめた頃にこのような失敗をしていたと思っている。「現実面」の強化と言っても、このような困難な事例の場合は、深層の動きも活潑である。ただそれに注目し過ぎると、その動きが強くなりすぎて破壊的になるのだが、さりとて、表層の強化ばかりをはかるとクライエントもそれに呼応して（すぐ呼応するところがその弱さなのであるが）、ある程度の期間は非常に順調にすすんでいるように思われる。しかし、深層の動きはおさえ切れるものではなく、極端な破壊的行為が生じてきて、「もとも子もなくなる」ということになってしまう。日常の現実に焦点を置いているにしても、深層の方にも適当に気を配って両面作戦でゆかなければならぬところが大変に難しいのである。

治療を引き受けることは治療者としては大変な覚悟がいる。クライエントと歩みを共にすることに相当なエネルギーが必要とされることも予想される。しかし、クライエントはそれほどのことと思っていないことが多い。治療者によって「治してもらう」と思っている。そんなときに、治療を受けることは大変で、クライエントも努力が必要だということを説明してもわかってもらえないことが多い。しかし、クライエントなりに「覚悟」をきめていただきたいと感じることもある。治療者だけの気持では心もとないのである。そこで、そのような点をある程度はっきりとさせるようなことが必要なときもある。「時間を守らないと会いません」とか、「いくら苦しくとも……はして下さい」とか「……はしないで下さい」とか何か課題を与えるなどである。このようなことによって、クライエントのある程度の、やろうとする姿勢を確かめることによって、こちらの覚悟もきまるときがある。

心理療法の過程はあまりにも苦しいものだから、そのようなことをしない方が得策のこともある。たとえば、強迫症状や離人症などのような場合、心理療法の過程で妄想や幻覚などの精神症状が生じたり、強烈な不安のため何もできない、というようなことも生じてくる。言うなればそのようなことが生じないように症状によって守っている、とも言えるのである。そこで、クライエントによって説明可能な人に対しては、心理療法の過程について説明し、そんなことをするよりは、症状と共に、自分にとってやりたい仕事をして生きてゆくようにするのはどうか、ということを述べて、クライエントに選択してもらうようにするとよい。もちろん、症状があるのも辛いことだが、その方がいいかもしれないのである。そして、あまりに症状が苦しくてたまらなかったら、あらたにきていただくことにするのである。

筆者の場合、このようなことを話して了解され、心理療法をしなかった例を少数ではあるが経験している。時には症状の烈しいときにのみ電話をかけてこられたり、来談されたりして、話し合っていると他に少し未解決のことがあるとか、過労気味だなどということがわかって、少し姿勢を立て直すと元に戻る、ということもある。身体の病気に「一病長寿」という表現があるが、心の病いでもそれが言えそうに思うのもある。

特にクライエントが芸術家の場合は慎重にすべきである。その症状のために苦しんだり、それを癒そうとしたりすることのなかから作品が生まれてくる、ということも言えるので、あわてて「治す」ことに専念することがいいか悪いかはわからないのである。もちろん、本人は「この症状さえ無くなれば、もっと素晴らしい作品ができるに違いない」と思っているだろうが、「症状があるから作品が生まれている」のかもしれないのである。従ってそのあたりの見極めは難しく、慎重を要するのである。

治療を開始することを決めたとき、治療者としては前述したような見とおしと覚悟をもって臨むことになる。そのような感じが伝わるという点もあって、クライエントとしては、「この人に頼ってゆけばよくなるだろう」というような感じをもつであろう。そのような安心感のためか、症状が一挙に消えてしまうことがある。一回会うだけで劇的に消えるときもあるし、数回の後のときもある。いずれにしろ本人やその家族が「よくなった」と大喜びする。これを転移性治癒(transference cure)と言っている。だいたいすぐに症状がぶり返してくるものである。それを知らずに治療者が喜び過ぎると、「せっかく先生も喜んで下さったのに、また悪くなったなどと言えない」と思って他の治療者のところに行ったりすることがある。軽症の場合は、転移性治癒をバネにして、そこから自分で立ち直ってゆく人もあるが、だいたいは再来するのが多いと思っておればいい。

非常に困難な事例で、劇的な転移性治癒現象が起こり、その後また元に戻って症状が再発し何年も続くことがあるが、ともかく一度でもよくなったことがあるという事実が、後の困難な時期を乗り切る支えとなってくれることもある。

初回面接の際自分の過去を語るときに、隠しておくべき秘密を早く語り過ぎる人も注意を要する。それは秘密を適当に保持し、語るべきときに語るという判断力などの強さがないために生じるのだから、治療は相当困難になることが予想される。それを治療者が「ここまで自分を信頼してくれているのだ」などと思って喜んでしまうと失敗の基となる。時には、クライエントの話をさえぎって、「それは非常に大切な話ですので、また後でゆっくり聞かせていただきましょう」などと言う方がよい場合もある。話される秘密が二人の関係によって消化できるものか、それをこえているものかの判断が必要である。

「見たて」によって、以上のべてきたように心理療法ができるか否かを判断するのであるが、その判断の重要な尺度として治療者自身の人間、というものがあることをよく自覚しておくべきである。自分の感じ、直観、すべてを大切にし尺度として用いるのである。

このためには、自分のことをできるだけ知っておく必要があるのはもちろんである。

3　物語の発生

既に第五章において述べたように、心理療法においては、「神話の知」が重要になってくる。心理療法においてクライエントは各自にふさわしい「神話の知」を見出すのであり、治療者はそれを援助するのだとさえ言うことができる。神話とまで言って、「神」を持ち出すこともないと思う人に対しては、各人が自分にふさわしい「物語」を創り出す、と言ってもいいであろう。

症状とか悩みとかいうものは、いうなれば本人が自分の「物語」のなかにそれらをうまく取り込めないことなのである。それをどうするかと苦闘しているうちに、それらの背後(あるいは上位)に存在しているものの視点から見ることが可能となり、全体としての構図が読みとれるようになる。そこに満足のゆく物語ができあがってくるのである。

坂部恵は、「つげる、のる(宣る)」という動詞が垂直関係ではたらくのに対して、「はなす、かたる」は水平関係ではたらくと述べている。(2) 神託をつげる、宣《の》る、などのように、そこには明確な上下関係があるが、はなす、かたるは同等の関係である。心理療法において「かたる」ことが重視されるのは、治療者とクライエントの水平関係が重視されるからである。

ところが、しばしば治療者は自分の「解釈」を「つげる」ことが多いのではなかろうか。それは「正しい理論」(あるいは科学的真理)を知る者と知らない者という絶対的上下関係の上に立って発言しようとしているからである。既に述べたように心理療法の場面においては「宗教性」が大いにかかわっている。それを大切にしつつ、偽宗教家にならぬようによほど注意をしていないと、われわれは「科学」の名において、教祖の託宣を「つげる」役割を担ってしまうのである。もちろん、クライエントによってはあるときある場面ではそのように感じ、それが効果を発することはあろう。しかし、治療者はその点をよく自覚し、いつかは水平の関係に戻すことを考えていなければならない。

筆者自身は、一般に考えられるような「解釈」をすることは、まずないと言っていい。どうしても言いたいときは、「解釈」(と言えるかどうか)を「かたる」ようにしているし、つぶやくときもある。

心理療法家は「正しい理論」によってクライエントに接するのではなく、「好みの物語」によって接している、と考える方が実状に合っていると思う。フロイトが「エディプス・コンプレックス」の存在を普遍的真理として提出したとしても、それに「父・息子・コンプレックス」などと命名せず、わざわざ「物語」の主人公の名を冠したという事実を忘れてはならない。ひとつの「物語」は無数の読みを可能にする。あるいは無数のヴァリエーションを可能にする。たとえ「エディプス・コンプレックス」を金科玉条とするにしても、各人それぞれのエディプス物語の「かたり」というものはある、と考えるべきであろう。

「かたり」は「騙り」に通じる。坂部恵は「かたり」の主体の二重性を指摘している。坂部はランボーの「わたしは一個の他者である」という言葉を引用しているが、詩人の言葉としてうなずけるものであると共に、心理療法家の体験としても実感するところである。「かたり」はもちろん、治療者なりクライエントなりが語っているのであるが、われわれはいったい「何を騙って」いるのかについて考えねばならない。その主体とは、クライエントに内在する実現傾向のようなものであろう。そして、それには治療者の実現傾向もかかわってくるのである。

「かたり」における主体の二重性と言えば、第六章に論じたユングによる「自我」と「自己」のことを連想する方もあろう。自我が自己をかたって物語る、と考えるのである。この考えはなかなか心理療法の場面――というより人生における「物語」の発生――を説明するのに便利な考えである。しかし、既に論じたように、「自己」という中心を考えてしまうと、物語のインテグレーションということが前面に出てくるので、それよりは、多神論的な考えによる方がいいのではないか、というのが現在筆者の考えているところである。神々の名をかたってかたりをする。人の物語と神々の物語とはなかなか共存し難いかもしれない。しかし、共存し難いものを何とか「おさめる」努力をすることが大切ではなかろうか、と考えるのである。それはうまくおさめるのであって、ひとつにまとめるのではないのである。

以上のことは、作家が小説を書くときと比べてみるとわかるのではなかろうか。作者は作者なりにある程度の筋道を考えている。しかし、執筆をはじめると作中人物が勝手に行動しはじめる。このような作中人物の自律性を体験しなかったら、それは創作とは言えない。作中人物が自由に動くのを許容しつつ、作者はそれをひとつの作品として「おさめる」ことをしなくてはならないし、それがある程度は読者に受けいれられることも考えるであろう。これと同様に、心理療法家もある程度の筋道は考えている。しかし、治療がはじまると、クライエントの自主性、および、クライエントの無意識の自律性に対して心を開いてゆかねばならない。それらのぶつかりのなかから治療の過程が展開してゆくのであり、それはまさに「物語」を創り出すことになるのである。

クライエントの自主性を尊重するのは当然だが、治療者は治療者なりにクライエントについての「物語」を構想しなくてはならない。それは「見たて」の一部なのである。もちろん、治療が展開するにつれて、その構想は変化させられたり、破壊されたりするだろう。しかし、まず治療者が物語の筋をある程度もつことが必要である。そのためにはクライエントが語ることに耳を傾けつつ、そこに物語を読みとろうとする努力をしなくてはならない。クライエントはもちろん自分なりの読みを提供するだろう。しかし、それはむしろクライエントの自我による読みであることが多く、治療者としては、それをもっと深く読む必要があるのである。

夫婦の問題で来談されるときなど、読みの相違をよく感じさせられる。夫にしろ妻にしろ、別れたいと言って主張されるとき、相手がいかに自分と異質の人間であるかを強調される。生まれが違う、育ちが違う、趣味が違う。聴いていると、なるほどよくもそれだけ異質な人を選ばれたものだと思えてくる。「だからこそ、この際別れたい」ということになってくるのだが、こちらとしては、そのように相反するものの結合だからこそ、素晴らしいものが生まれてくる、という物語の方が見えてくるのである。

このようなときに治療者の「物語」をクライエントに話すかどうかも難しい問題である。筆者はクライエントがその後も続けて来談される意志をもっており、継続してゆくことが決まっているときは、話さずにいることが多い。それは、筆者の「物語」とクライエントの「物語」がぶつかりあいながら展開してゆくので、あまり予断めいたことを言わずに自然に流れてくるものを待った方がいいと思うからである。

ただクライエントが自分の物語の暗い面や嫌な面のみを見ているとき、自責の念や自己嫌悪の感情が強すぎるときなど、それとは異なる見方が可能であることを示唆したり、語ってみたりすることもある。そのときに知的な言語ではなく、クライエントが納得するような表現を探し出さなくてはならない。日本語には「腑におちる」というよい言い方があるが、相手の腑におちる表現を見つけるようにしなくてはならない。

相手の語る「物語」が現実を離れて「妄想」や「幻覚」の域に達しているとき、まずそのような物語がクライエントの語る生活史のなかで、なるほどそのような物語も必要であろうか、とある程度了解できるかどうかがまず判断されねばならない。そして、そのような物語によって支えられねばならない心の領域外に話を及ぼしたときに、外的現実把握が的確かどうかを判断する。外的現実の把握が確かであるが、あることに関する「物語」を語るときにのみ妄想になり、それも広い意味で了解できるとき、「あなたの話は非常に個人的に大切なことですので、これから二人でゆっくりと考えてゆきたい。しかし、この場以外では話をしないようにして下さい」と言う。このことが守れるようなときは、医学的治療なしで心理療法のみですすめられることが多い。もちろん、この際も念のために医者の診断を仰ぐことは必要である。

「物語」の発生ということを如実に感じさせることとして、初回夢(initial dream)という現象がある。このことについては他にも論じているのであまり詳しくは述べないが、心理療法をはじめて最初にもってくる夢、あるいは、関係の成立後という意味で、数回経過した後の夢の場合もあるが、それがその後の心理療法の経過を見とおしているかのように思える内容のものであることがある。そのときは納得できないようなことや不明のことでも、治療がすすんでくると成程と感じられる場合もある。後に展開してゆく「物語」が心のなかに存在しているのである。

初回夢に似た現象として、遊戯療法の場合の初回プレー、箱庭療法の場合の初回の作品などがあるが、箱庭の場合の方は起こることは稀である。初回夢でなくても、ある人にとって一生忘れ難い夢や、何度も繰り返し現われる印象的な夢などは、その人の人生の物語の表現としてみると、よくわかるときがある。そのような夢についても語ってもらうと、「見たて」の際の参考になる。

4　クライエントと家族

既に述べてきたように、わが国では家族の一体性が強いので、クライエントに会うときにその家族のことを不問にして会うことはできない。従って、治療を引き受けるときにも、家族とどのようにかかわってゆくかについて、相当に考える必要がある。

まずはじめに、本人が来談を拒否し、その親や配偶者などが来談する場合について考える。「絶対に行かない」ときつく言っている人でも、実のところ心のなかは迷いに迷っている。行くと「精神病」などとレッテルを貼られないか、怠け者だと非難されないか、などという恐怖と不安。その反面、自分のことをひょっとしてわかってくれるのではないか、あるいは、救い出してくれるかもしれない、という期待。それらが入りまじり、それに耐えられないので、余計に強く反撥している面があるのだ。こちらがそのような気持を理解しつつ、ともかく一度会いたいということを本人に伝えてもらう。その際、「嫌だったら会ってすぐに帰ってもいい」、「ともかく一度会ってみなかったらどんな人間かもわからないのだから」と、本人の自主性を尊重することを明確にしておくと、あんがい来談するものである。

高齢の女性がこられ、自分の家の嫁がどんなに悪くて困っているかを訴えられ、「何とか嫁を連れてくるので、よい嫁にしてほしい」と言われた。筆者はそれに対して、「心理療法は、残念ながら悪い嫁をよい嫁にするようなことはできないのです。しかし、悪い嫁をもって悩んでおられる人が、どのように人生を生きるかについて考えてゆかれるのなら、それの手助けをすることができます」と言ったことがある。このとき、筆者はこの方が、「悪い嫁」をもったことをきっかけとして、自分の人生を見直そうとされているし、十分にその力をそなえておられると感じたので、そちらの方に焦点を当てることを明らかにしたのである。そして、この人が自分の生き方を変えてゆくにつれ、「悪い嫁」がそれほど悪くなくなってくるのである。

家族全体は全体のダイナミズムをもっている。誰か一人だけが「悪い」ということは、まずないと言っていいだろう。家族の誰かをスケープゴートにして、後の全員が安定している、ということは割にあることだ。一人が「悪い」ようだが、問題は家族全体のことである。それは、家のこととして何代にもわたってつくられてきた、と言えるものもある。ボーダーラインの人の場合は、三代くらいのことが蓄積してきている、と感じさせられる場合が多い。

家族全体が問題をかかえている、という場合はどうすればいいのか。そこで家族全体を対象と考えて行うのが家族療法である。家族全体のシステムを考え、それをどのように改変してゆくかを考えてゆく。筆者はあくまで個人療法を行なっているので、家族療法的なアプローチは取らない。しかし、家族のダイナミズムについては常に考慮のなかにいれている。ただ、そのシステムに直接にかかわるのではなく、ある個人の可能性の発展に注目することによって、その個人の変化を通じて全体が変ってゆくことを狙う方法をとっているのである。これは別にどちらの方法がいいかなどとは言えず、治療者の好みの問題であると思う。家族療法をしていても、そのなかのある個人に焦点を当てねばならぬときがあるし、個人療法をしていても、家族に会う必要は生じてくるので、いずれにしろ両方の視点をもたねばならないが、切り口としては自分の得意な方法をとることになるのである。

家族全体の問題となると、誰をクライエントとしてお会いするか、ということになるが、まず考えられることは、症状をもっている人だろう。といっても困難なときは家族中が大なり小なり症状をもっているようなことが多いのだが、やはり、明確な形で症状をもっている人が、心理療法という道を歩むように運命づけられている、とでも言うのがいいであろう。つまり、その家族のなかの一番「悪い」人に会ってゆこうとするのではなく、一番可能性に対して開かれている人に会ってゆくのであり、明確な症状はそのサインと見なされるのである。

もちろんこれにも例外はある。本人の自覚や動機づけによっては、症状をもっていない人をクライエントにすることもある。たとえば、子どもが神経症症状をもっているのだが、その父または母をクライエントにして、成功することがある。なお、このようなとき、心理療法をはじめてしばらくすると、クライエントが神経症症状を呈するようになるのは、よくあることである。このことによって、子どもの苦しみがよくわかった、と言われた人もあった。

家族のなかの一人をクライエントとしてお会いしていても、他の人たちが症状を出してきたり、問題を発生させたりということは多い。うっかり両方を引き受けたりすると、二人の間で治療者の取り合いが起こったりして、非常に難しくなるときが多い。従って原則としては、家族内の人を二人引き受けることはしない。このときもっとも判断に困るのは、その他の人を他の心理療法家に依頼するか、ということである。これも一般論になるが、薬物による治療の場合はいいが、異なる心理療法家がかかわる場合は、よほど治療者間に緊密な連帯関係のない限りは避けるべきと思われる。いうなれば、ひとつの家族のなかに、二つの異なる観点がはいってくることになって混乱してしまうのである。

心理療法的には一人の人に会っていても、必要に応じて家族に会う必要があるのは当然である。しかし、このときの会い方は、深い層に注目するというよりは、クライエントと共に歩んでゆく家族の苦しみに対する理解と支持、あるいは適切な行動への示唆などが中心となってくる。クライエントと単純に同一化してしまって、育て方の悪い両親を非難するような態度になると、心理療法の過程を壊してしまうようなことにもなる。

クライエントが両親を非難するのを耳を傾けて聴いていると、クライエントは帰宅してから、「先生が親が悪いと言っておられた」と両親に言うことはよくある。こんなときに怒ってどなり込みにくるような両親は、対処しやすい。一般に、どなり込みなどする人はそれだけの熱意と行動力をもっていると考えるべきである。相手の言い分を二、三十分聴いていると、「実は私も反省すべき点があるのですが」などと言い出す人が多い。ともかく心理療法はその過程に、「死と再生」のパターンをもっているのだから、その経過のなかで争いや対決などが生じて当然なのである。家族間の争いや攻撃心が治療者に向けてこられるときも、その「意味」を知って、たじろがずにいると、自然に解決が生まれてくるものである。

一人の人にお会いしていても、以上のようないろいろな契機によって、家族にお会いして、家族療法的なアプローチをすることになる。困難な事例の場合は、これは避けられないことであり、いつどのような契機をつかまえて、それをするかについて常に配慮していなくてはならない。

家族内の一人の人をクライエントとしてお会いしていると、その人の症状は不変のまま長年月が経過し、しかし、その間に家族の人々の神経症症状がつぎつぎと消失していったような例もある。こんなときに、自分以外のすべての人が成仏するのを助け、最後に自分が成仏すると誓う菩薩の物語を、治療者は心に思い描いたりもする。

クライエントの様子が急におかしくなったとか、この頃はひどくなってきて困っているとか、親から電話連絡があるとき、治療者から見て、どうもそれに納得ができないときは、親が治療者に会いたいのだが直接的に言い出せなくて、そのきっかけをつくろうとしている場合がある。そのようなとき、治療の流れとのどういう関連で親が会いたがっているのかを考えて会うといい。ともかく相手からきっかけを与えられているときは、こちらの助言や示唆が相手の心にとどく確率が高いので、それを利用するのである。

子どものことで来談する親の場合、はじめのうちは「子ども」のことについて相談するという姿勢でいるが、そのうちに自分自身のことについて考えてゆかねばならぬことを自覚されるときがある。そのようなとき、クライエント自身が「これからは自分のこととして」来談したいと明言されることもある。そうでないときにも、治療者が発言して姿勢を明確にするのがよい。もともと親本人のことが大切なときも、はじめのうちは「子ども」のこととして話し合ってゆくと、不必要な防衛が生じなくて、過程がある程度すすんだところで姿勢を立て直すことが円滑にゆくこともある。

時に、自分の「家系」に関心をもつクライエントがある。それについて調べたり、そのために親類縁者に会いに行ったりしているうちに、問題が解消してゆくことがある。これは「家系」ということが、本人のアイデンティティの確立のイメージとして強く作用しているときである。親類に会いに行き、自分の家の家族についての新しい発見をしたりしていることが、本人のアイデンティティの確立にうまく結びついているのである。

欧米の国に対して、わが国では母子関係が強い軸となって動いている。この点を強調して、筆者は日本の社会を母性社会と呼んだこともある(3)。しかし、欧米との文化的接触が激しくなって、日本人の家族関係も変化しつつある。そこで、そのような変化への努力のなかで家族問題が多く生じているのであり、家族関係の多くの問題は、いうなれば、日本の家族の在り方を変化させてゆこうとする戦いの尖兵となった人たちこそが体験しているのだ、とも言えるのである。治療者はこのような文化的な視点をもって見ることが必要である。その点については前章に少し述べておいたことである。

わが国の文化が母性の強いものであるので、家族のことを問題としてゆくとき、その傾向を補償するものとして、治療者に(男女を問わず)強い父性が要求されることがあるのも、知っておいていいだろう。治療者の父性的態度が、崩れかける家族関係の支えとなるときもあるのである。

注

(1) 土居健郎『方法としての面接』医学書院、一九七七年。

(2) 坂部恵『かたり』弘文堂、一九九〇年。
(3) 河合隼雄『母性社会日本の病理』中央公論社、一九七六年。

第九章　心理療法の諸問題

心理療法の過程において考えねばならぬことは実に多い。前章で、物語の発生ということを述べたが、うまく流れているときは、素晴らしい物語を読むような感じで、クライエントに会うことによって、こちらの心が癒されていくように感じるときもある。あるいは、クライエントとしては心理療法にくることによって、ますます苦しくなってゆくばかりと感じているが、治療者としては、その先に光が見えているので安心しているときもある。しかし、それが困難な場合になってくると、治療者もともども暗闇のなかをすすんでゆく感じがしてきてたまらないときがある。はっきりとした海図に頼っているのではなく、ともかくこの方向に行くしか助かる道はないと信じてすすんでゆくようなところがある。そこで、ほんの少しのことでも方向づけの手がかりとして利用しなくてはならなくなるのである。

以後に述べるのは、心理療法の過程において、その方向を考えてゆくための何らかのメルクマールとなるものを列挙して考えてゆく、ということになるであろう。

1　症状の変化

一応、症状という言い方をしたが、クライエントにとっての問題の変化ということを、症状ということに限定せずに述べてゆきたい。神経症の症状をもつということは、ひとつの明確な標識をもっている、ということで、それによって自分の問題の在り方をある程度知ることができる、という利点をもっている。あるいは、症状をなくしたいという気持が、心理療法という苦しい道程を歩み切るための動機づけとして役立ってくれることもある。

何らかの症状をもって来談するが、それについて述べるのははじめだけで、その後に、治療者がその人にとっての心理的課題と考えること、に話題が及んでくると、毎回それをめぐっての話となり、過去のことを思い出したりしつつ、だんだんと解決策を見出してゆく。仕事が達成されたと思う頃になって、お蔭様で症状の方もさっぱり収まってしまいました、というときがある。これなどは、与えられた仕事をやり抜いたことが、症状の消失によって裏づけされているようで、非常に気持がよい。

以上に示したようなのは軽症のときであるが、難しくなるとそれほど簡単にはいかない。

症状の記述があって、内的なことに話が向きかけるのでそれに耳を傾けようとすると、また症状の話になる。そして、「これさえなければいいのですが」とか、「これをなくするよい方法はないものでしょうか」とかの発言が繰り返される。これは、心理的な課題に直面してゆくのが苦しいので、ときどき症状の話に戻して、それがいわば休息点として利用されているようなものだから、それに合わせてこちらも休んでいればいいのである。休息点の利用の程度によって、心理的課題とそれに取り組むクライエントの自我の強さとの釣合いがわかる。時には、たとえば醜貌恐怖の人が、「こんなことでは駄目ですので、整形外科医を紹介して下さい」などと言い出すときがある。それは言いかえると、「苦しくてたまりません、先生はそれがわかっているのですか」と言っていると思われる。そんなときに、あなたの症状は「心因性です」などと説明するよりは、この人のほんとうの苦しみを自分は未だわかっていないのだ、と思って、そのことに対して応答してゆくといい場合が多い。

心理療法家は薬や手術によって、クライエントの苦しみを無くしたり、軽減したりすることはできない。われわれの武器は共感することと、その苦しみの意味を知っていることである。これらのことがしっかりしていないと、クライエントは何か不満を感じはじめる。しかし、そのことは直接的にはわからなかったり、表現できなかったりするので、症状のこととして訴えることが多い。クライエントの症状に関する訴えは、いろいろな思いをこめてなされているのである。

対人恐怖症の人の治療がすすんできて、大分よくなってきた。そんなとき、入室するや否や、「今週は調子悪く一歩も外へ出られませんでした」などと言われる。そんなはずはないと思って生返事《なま》をしたりすると、状態はますます悪くなる。これも、治療者が「順調にいっている」などと思っているときは、ついクライエントの苦しみに共感するのを忘れているし、「順調」にすすむときの方が、クライエントはそれだけ努力しているので苦しいわけだから、治療者とクライエントのそのような関係を回復しようとして、症状の悪化が訴えられるというわけである。そのようなとき、これほどうまくいっているのに悪くなるはずはない、などと思わず、クライエントの苦しみの方に焦点を当てるようにすると、それはすぐに乗り切られるのである。

治療者が非医師の場合、クライエントが身体の痛みや、不可解な身体症状を訴えるとき、時として、「私の苦しみは、先生にはどうしようもないでしょう」ということを訴えたがっているのではないか、と思われるときもある。こんなときは、医者を紹介しても、医者には行かないままで訴えが続くときがある。このようなときに、医者に行くと不思議に「手術が必要」とか「入院しないと危い」などと言われ、周囲の者があたふたしているうちに、何でもなかったことがわかって収まることがある。これは、おそらく周囲の人々がクライエントに対してどれほど心をつかったか、ということが大切なのであろう。

症状はクライエントにとって辛いものであるが、それによって自我が守られている面もあるので、治療者としては症状をなくしようと焦らないことである。筆者の体験ではないが、同性愛の人を急激に異性愛に変えると、強い精神症状が出現した例について聞いたことがある。同性愛にはいろいろ状態があり簡単には言えないが注意すべきことである。強迫症状の場合も注意が必要でゆっくりとすすもうと思うのが良策である。症状のこと、主訴のことを忘れてはならないが、そのことを中心において突き進んでゆくような態度にならない方がいいと思われる。

神経症の人を治療しているとボーダーラインのような症状になってきたり、ボーダーラインの人を治療していると精神病的な症状になってきたりする。そのときにすぐに、「ボーダーラインだ」とか「精神分裂病だ」と早急に「診断」しない方がよい。むしろ、心理療法の過程として、そのような症状の変化はある方が当然と言っていいくらいである。そのときに治療者があわてたり、あきらめたりすると、問題を深くしてしまう。あるいは、治療者が非医師のときは、精神科医に紹介するときに、その仕方によく気をつけておかないと、クライエントとしては、治療者に「見棄てられた」と感じてしまうことになる。このような症状の「悪化」と見えるときに、腰を落ち着けてゆく覚悟をもっていなくてはならない。

症状の変化という点については、そのほんとうのメカニズムは不明と言っていいのではなかろうか。これは今後研究すべき重要な課題だと思っている。ただ多くの人の協力と長年月を要することなので、組織的に研究することが困難である。筆者の経験から推察されることを少し次に述べておく。

まず言えることは、心理的症状と身体症状との間には、これまで考えられていたよりも、もっと関連があるのではないか、ということである。身体の病気、たとえば風邪などは、「休みたい」と思ったときや、後から考えて、「ゆっくりとペースダウン」した方がいいと思われるようなときに、よく生じていることに気づかれるだろう。あるいは、もっと長期にわたる病気なども、その人の人生にとって非常に「意味の深い」ものであることがわかることもある。ただし、このようなときに、単純に因果的に表現しないことは大切である。「休息を必要としたから風邪をひいた」などという類である。そのように言う方がわかりやすいので、たとえそのように言うとしても、それは物理学の「法則」のようなものではないことをよく意識している必要がある。

心身の相関は単純な因果関係でとらえられないところに、その特徴がある。それは、共時的に見る方がいい場合が多いように思われる。今後、研究がすすんでゆくとホルモンのバランスなど、因果的に説明可能なことが、ひょっとして見つかるかもしれない。しかし、ともかく今のところ、個々の現象を因果的にとらえて、操作することを考えるより、全体的に見て、その「意味」を把握するようにする方が得策と考えている。

心理療法によって、よい変化が生じるとき身体の病気になることは多い。その間は心理療法に通ってくることができないので、治療者抜きで「一人で考える」時期になったり、「休息」になったりする効果をもつようである。このとき、どのような症状の人がどのような病気になるなどの一般法則はないように思われる。このような病気の「意味」について、クライエントに説明しておいた方が、二次的な問題が生じてくるのを防ぐのでよいと思われるときと、説明抜きで一人で考えてもらうことの方が、一人立ちしてゆくためには望ましいと思われるときとがある。筆者はできる限り説明はせず、クライエントの生き方に合わせる方法をとっている。

子どもの問題で来談した親子を共に面接しているとき、親子関係が改善されてきたと感じられる頃に、子どもが身体の病気になるときがある。これは親が子どもの身体に触れる機会を与え——熱がないかと頭に手を触れたり、時には身体を拭いてやるなど——スキンシップの回復に役立つことがよくある。時にはそのことを親に告げて、そのつもりになってやってもらい成果を得ることもある。

心身症は今後ますます増加してゆくと思われるが、この問題も実に困難なことを多くかかえている。心身症を身体の病気として取り扱っているうちに治る、というのが一番好ましい道であろう。心身症だからといって「心理的アプローチ」をしても、その「心理的」と考えていることが表層のことである限り、それはそれで無意味とは言えないが、心身症の治療とはあまり関係がないのではないかと思われる。さりとて、深層にはたらきかけるといっても、それは容易なことではない。心身症がそれと「等価」と思われる心の症状として出現すると、精神病的な水準のものになることが多いと考えていいのではなかろうか。時にそれを克服して治癒することもあるが、並大抵のことではない。

長い夢分析を通じて、夢のなかの相当に凄まじい体験を経て心身症が治ることもある。既に述べたように、そんなことをせずとも、「身体」の病気として治ってゆくのもあるのだから、ともかく治療者としてはなるべく無理をしないように、自分の方からあまり心理的なことに手をつけないようにする方が得策であろう。おそらく、クライエントの生き方全体の流れに即して、いろいろと筋道が異なるのだろうから、心理的な道にクライエントがすすもうとするときは、従ってゆくことになるが、相当な覚悟が必要である。

症状が家族の間を変遷することは、よくある現象である。家族全体の問題を解決してゆく過程において、その「代表選手」が交代するようなものである。そのときでも、最初にクライエントとなった人とあくまで会い続けるか、症状が「移った」人をあらたにクライエントにするか、を慎重に考えねばならない。われわれは、「悪い」人を「よく」するために会っているのではなく、心理的課題を解決するために同盟してゆくのにふさわしい人と会っているのだ、と考えるといいであろう。

2　転移・逆転移

心理療法における治療者とクライエントの関係の重要性については、これまで何度も述べてきたとおりである。このことは、深層心理学では、治療者・クライエント間の転移・逆転移という考えで理解されてきたので、その線に沿って少し考えてみたい。

フロイトが最初ブロイヤーと共に、ヒステリーの心理療法を試みたとき、時に、患者が治療者に対して強い恋愛感情を抱くのに驚いてしまう。しかし、フロイトはそれは患者が幼児期における自分の思考や感情などを、治療者に転移したものと考えた。そして、そのような転移(transference)を分析することが治療につながると考えた。ところが、そのような感情は治療者から患者に対しても生じることがわかり、それを逆転移と名づけた。逆転移が生じることは転移の現象を分析するのを混乱させるので望ましくない、と考えられ、それを防ぐために、分析家はまず自分自身が教育分析を受ける必要があると考えた。

教育分析の必要性をフロイトに説いたのはユングであるが、彼は教育分析によって、「分析しつくされる」などということは考えられないとし、また、無意識の創造性を認める立場から、逆転移にはむしろ治療的意味のある場合があることを指摘した。その後、フロイト派も逆転移の治療的意味を認めるようになり、転移・逆転移の問題はひろく治療者とクライエントの人間関係として、否定・肯定の両面から考えられるようになった。

逆転移の治療的意味と言っても、単純に治療者がクライエントに対して感じる感情をそのまま出してゆけばよい、というようなものではない。逆転移の意味を指摘しているユングがまず教育分析の必要性を説いていることを忘れてはならない。そこで、逆転移をふたつに区別して、治療を妨害する逆転移と、治療に役立つ逆転移とに分けることは、フロイト派、ユング派とも考えられている。それらは異なった名で呼ばれているが考えは共通で、治療者の神経症的なコンプレックスによるものは妨害的にはたらくし、本来的な感情は有効にはたらくと考える。このような区別は実のところそれほど明確にはできないが、一応の目安として心得ていた方がいいであろう。

実際の場面においては、ともかく対話は続くし、感情も自然に流れるわけだから、いちいち自分の感情をチェックなどしていられない。妙にチェックなどしていると流れが壊れてしまうだろう。こういうところは、スポーツなどと同様で、夢中でやっていることが道理にかなうようになるように、実戦を通じて訓練されることが必要と思う。このためには最終章に論じるスーパーヴァイズが必要ということになる。ともかく修練を重ねることによって、自分の自然な感情の流れが有効な逆転移になるのである。そのためには、面接が終った後で、記録をつけながら考えてみることも必要であろう。ともかく記録を詳しく書くことは大切なことで、それを書くことによって、いろいろ反省点が意識される。そのような反省や自分自身の感情などを書いておくのもよい。

面接しているときも、いろいろと意識するのでなかなか自然には動けぬものだが、最近では筆者は喜怒哀楽の感情が割に自然に出て、それを自分でひとつの大切な自然現象のようにして認めているところがある。人によって異なると思うが、筆者は怒りを表出するのが下手だったが、この頃は怒りは怒りとして表出できるようになったと思っている。

ある若い男性のクライエントが自分の子ども時代にどれほど苦しい経験をしたかを語られ、特に父親が厳しいというより残酷と言っていいほどであったと話された。涙ながらの話だったが、筆者は何だか感情がついてゆけずにいた。すると、クライエントが急に怒りはじめ、これほど辛い話をしているのに、聴いている治療者は涙を流さずに平気でいるのはけしからんと怒り出した。涙を流さないなどと言われても、涙は流そうとしても流れるものでもないので、涙が出ないのは出ないのだから仕方がないなどとわれながら薄情な応答をしていると、クライエントはその答がなっていないと猛烈に怒り、怒りと涙の時間がしばらく続いた。やや収まってくると不意に、「先生、私がこのように目上の男性に正面から怒ることができたのははじめてです」と言う。このときに、筆者は感情の流れるのを感じ、それまで、この人の冷厳な父の役割を知らずに演じていたことに気づいたのであった。もちろん、この人にとって治療者に対して怒れたことは、父親に怒りをぶっつけたのと同様の効果をもち、治療の過程がすすむきっかけとなったのである。

逆転移の治療的有効性というとき、ポジティブな感情だけではなく、このようにネガティブな感情も意味をもつときがある。劇で言えば、主人公に対する敵役をうまく演じていることになるのである。従って、治療者がネガティブな感情をあまり抑えないようにした方がよい。

ところで、この例に示したようなのは、「烈しい」ものではあるが、あまり「深い」ものではないと考える。深い転移が生じたときは、このような烈しいやりとりをしなくとも、もっと内的に体験しそれを認めてゆくことが起こるものと思われる。転移・逆転移というときに、父・息子、母・息子、恋人、友人などなどの人間関係で考えられることに、あまりこだわる必要はない。むしろ、そのようなときは浅いものになりがちな気がするのである。イメージ的表現をすれば、クライエントと治療者とが横につながるのではなく、両者ともに、それぞれの深みへとつながってゆくことによって、つながる、という感じなのである。

演劇にたとえて言うならば、先に示した例のように治療者が俳優として登場するのではなく、「舞台」になっているような感じともいえるであろう。あるいは、舞台監督の役をしているときもあるだろう。しかし、大切なことは「脚本」は治療者が書くのでも、クライエントが書くのでもない。無意識の世界から生まれてくる可能性にそれをゆだねるのである。そのとき、それを共有しようとする、という意味で、転移・逆転移はほとんど同じものであるともいえるが、治療者の方がクライエントよりは、それをより明確に早く認識している、と言えるであろう。従って、舞台監督は治療者がすることになるのだが、時には、役の逆転が起こることもあるだろう。常に微妙な役の逆転可能性を秘めつつ、過程が進行するところに心理療法の特徴がある。そのような可能性に対しても常に心を開きつつ、しかし、より早く事態を認識することができる、という意味で治療者とクライエントとの差が生じるものと考えられる。

クライエントの転移が個人的なものであるか、集団的《コレクティブ》なものであるか、についてある程度の区別をする必要がある。たとえば、個人としての母に対する感情の転移なのか、母なるものとしての元型的イメージの転移なのかについて判断する。元型的イメージは人間的なものを超えるので、それに気づかずに応えようとする逆転移を起こしてしまうと、破綻してしまう。それよりも、治療者は自分にとっての、母なるものの元型が今どのような意味をもって作用しているかを、できる限り意識化することに努めねばならない。クライエントに対して直接にどうこうするというのより、自分が自分の無意識と取り組むことの方が大切である。このようなときは、そのクライエントとの関係で夢を見ることが多いので、それに対して注意深くあらねばならない。治療者自身の仕事の遂行と平行して、クライエントは治療者への個人的結びつきを解消して、自律的に自分の課題と取り組むようになるのである。

前述のようなことが行われているときは、外見的には目立った感情の動きがないので、「静か」ではあるが、転移がはたらいていないのではなく、「深い」転移・逆転移が生じているのである。もちろん、夢ではいろいろ「烈しい」体験が生じるが、それは内的・象徴的に体験されてゆくのである。

次に、援助者相互間の神経症的逆転移の現象について述べる。たとえば中学校などで、一人の生徒をめぐって、カウンセラーは担任の教師が厳しすぎて困ると嘆き、担任教師はカウンセラーが甘いので仕方がないと言う。そこで調整に乗り出してきた教頭先生が、また二人の間に巻き込まれ、今度は三つ巴になって攻撃し合うなどということは、よく生じることである。これは異なる職種の間でもよく生じてきて、心理療法家と医者、看護婦、あるいは家庭裁判所の調査官と学校の教師などなどの間に生じることもある。

筆者はこのような「もめごと」の仲裁役をすることも多かった。いつも申し上げてきたことは、お互いが向き合って喧嘩する前に、もう一度皆でそのクライエントの問題を見直そう、ということであった。そうすると、クライエントの置かれている困難な状況がよく理解できてくる。そして、いうならば、クライエントの苦しみに相応する騒動が援助者間で持ちあがっていることが認識されるのである。そうなると、全員のクライエントに対する理解もすすみ、お互いの神経症的な逆転移感情が弱められるのである。

援助者相互間の逆転移によるもつれは、クライエント自身の問題の大きさとそれに対処してゆくべきクライエントの自我の弱さに比例して生じているところがある。そして、クライエントの行動は無意識的に、そのようなことが生じるように動いているときが多い。たとえば、Aのところに行ってはBの悪口を言い、Bのところに行ってはAの悪口を言っている、というように。そのようなことに気づいたときに、クライエントが嘘をついているとか、だまされたとか言う前に、自分たちはクライエントのほんとうの問題を把握し得ていたか、と考えてみるとよいように思う。

3　解釈と洞察

洞察という言葉は、なかなか魅力のある言葉である。クライエントが自分自身について、あるいは、自分の置かれている状況などについて、今まで気づいていなかったことを、「はっ」と気づく。そのことによって新しい展望が開け、状況が改善される。そのような「洞察」を得ることが、心理療法において極めて大切であり、治療者はそのようなことが生じるように援助しなくてはならない。そこで、クライエントの洞察を助けるために、治療者は適切に「解釈」を与える。このような考えはわかりやすいし、そのような例も多く提示されてきた。しかし、この点については相当に考え直す必要があると思われる。

まず、前記のような考えは、治療者中心に構成された「物語」としての性質が強すぎるように思われる。治療者の「つげる」解釈によってクライエントが洞察すると考える人は、第八章において「かたる」ことと「つげる」ことの差について論じたことを思い出してほしい。その際、治療者ははっきりと自分を上下関係の上に位置するものとして考えている。本来の「かたる」立場に戻るならば、解釈も「つげる」よりは「かたる」ものであるべきだし、もし、洞察があるとしても、治療者によって与えられるものではなく、治療者とクライエントの共作した「かたり」のなかから生まれてくるはずである。

解釈について考えるときに思い出すのは、大江健三郎《おおえけんざぶろう》が作家と読み手の関係について述べている言葉である。これについて彼は次のように述べている。「小説をつくり出す行為と、小説を読みとる行為とは、与える者と受ける者との関係にあるのではない。それらは人間の行為として、両者とも同じ方向を向いているものである。書き手と読み手とは、小説を中心においてむかいあう、という構造を示しているのではない。(1)」あるいは、小説を読みとるということは「小説を書いてゆく者の精神と肉体によりそって、同じ方向に向いて進む行為」であると述べている。

このことはクライエントと治療者との間についても言えるのではなかろうか。クライエントの提示する「作品」に対して、治療者はそれを「その精神と肉体によりそって、同じ方向に向いてすすむ行為」としての発言をすべきであり、それが望ましい「解釈」というものではなかろうか。実のところ、何度も繰り返すように、治療者とクライエントとの間には逆転が生じることがあるが、「同方向に向いてすすむ行為」として見れば、逆転が生じたとしても、どちらがどちらに「与える」、「つげる」という関係は生じないのではなかろうか。

このようなイメージとして、二人が同行してすすんでゆくことを考えるとき、「洞察」によって、「はっとわかる」というよりは、ともかく二人共に歩み続けることの大切さを感じさせられるのである。自分自身が長い教育分析を体験し、また多くの人の心理療法を行なってきたことから考えて、筆者としては、膝をたたいて、はっとわかるというイメージよりも、歩き続けに歩き続け、ジワジワと少しずつ変ってくるという実感の方が強いのである。

歩き続けるというイメージで言えば、洞察というのは、たとえば「京都に着いた」ということであって、確かにそれはここは京都なのだという認識はあるとしても、別にそれは京都のことを「知った」というのではない。京都を知るためには、大分あちこち歩き回ることが必要であろう。同じ道を何度も通る必要もあるだろう。そして、相当の期間を経て京都のことが大分わかったといっても、知りつくすことはないであろう。それに、いつまでも京都にいることはできなくて、次の目的地に向かって歩き出さねばならないかもしれない。このようなイメージで「洞察」ということを考えるのならばいいが、それを一挙にして京都を知りつくす、というように思わない方がいいように思うのである。

以上のように考えてくると、クライエントの洞察的な言葉によって惑わされるのを避けることができるであろう。クライエントが「洞察」のようなことを言ったとき、「わかってくれた」と安心してしまうのはよくないのである。「わかる」ためには、それ相応の苦労が必要である。クライエントが苦しんでいるときに、治療者が安心してしまうのはよくない結果を招く。

次に夢分析や箱庭療法、絵画療法などにおける「解釈」の問題について述べる。一般には、夢を語ったり、箱庭をつくったりすると、それを見て治療者が「解釈を与えてくれる」と思われている。しかし、既に述べてきたように、治療者はそんなことはしない。もちろん、この際、一番大切なことは、治療の過程をすすんでゆくための治療者の開かれた態度であり、治療者とクライエントとの間の「深い」関係である。そして、その過程が順調に流れているときは、箱庭療法のときなどは、何も言わない方が望ましい。もちろん、そこに感じられた自分の感情は表現するとしても、いわゆる「解釈」めいたことは何も言わないのである。

「解釈」とは、その対象となることに対して意味を与えることである。たとえば、「ライオンに追いかけられる」夢を見た人が、何の意味か全然わからないと思っているとき、「そのライオンはあなたの父親ではないでしょうか」という解釈をすると、その人は、自分と父親とのそれまでの関係や父親に対する感情などと結びつけて納得する、つまり、意味づけられたことになる。ところで、ここで夢の機能について考えてみると、それは無意識の領域から送られてきたものであり、それは自我＝意識にとってのみならず、無意識にとっても「意味」をもつものである。それに対して、自我にとっての意味づけのみをして納得してしまうことは非常に危険であり、また、惜しいことでもある。無意識にとっての意味などというのはナンセンスと思う人に対しては、現在の自我にとってではなく、発展する可能態としての自我にとっての意味、とでも言えようか。意味を閉じられた領域にはめこむのではなく、領域を開き拡大してゆく方向での意味、として受けとめようとするのである。

平たく言えば、「わかってしまうと終りになる」のである。一人の子どもを「札つきの非行少年」として「わかってしまった人」にとって、その子どもにどう接するかはきまりきったことになり、その少年は確かに非行少年であることにまちがいない、ということになろう。しかし、どのような子どもになっていくのか「わからない」として、多くの可能性を考えつつ会ってゆくときに、彼は変化してゆくかもしれないのである。夢のなかのイメージも同様である。ライオンを「父親だ」とわかった途端に失うものがある。

しかしながら、何もわからないわからないの繰り返しをしていても、それは無意味になるだろう。そこで治療者として考えるのは、意味がわかり、それを解釈として与えるのではなく、意味を深め、その方向に共に歩もうとするのである。それを「解釈」と呼ぶのなら、それはそれでいい、ということになる。箱庭療法の場合は、幸いにもそれをつくっている本人がそれなりに意味を感じとったり、つくる途中で変更したり(ということは本人なりの「解釈」がそこに盛りこまれているのだ)するので治療者があまり言語化する必要がないのである。夢の場合は箱庭よりも意識の関与が少ないのと、ある程度言語化してゆくことをしないと、まったくわけがわからなくなってくる。

ここで第八章に述べた「物語」のことを思い出していただきたい。われわれの人生という長い「物語」。あるいは大きく考えれば、人類という「物語」。その一部として心理療法の過程という物語があり、その一部として、ひとつの夢もまた物語としての性格をもって存在している。それらをどう読むかが「解釈」であり、より大きい流れのなかにある物語をうまく位置づけられたときは「洞察」ということになるだろうか。それは自分がどこかで記憶した外国語に、何かの言葉やイメージを単に置きかえてみるだけのこととは、はっきりと異なることである。

筆者は時に誤解されて、言語化に反対しているように思われているが、そんなことはない。治療の過程に生じたことは、できる限り言語化すべきと思っている。また、その努力を続けてきたつもりである。ただ、前述したような自分の知っている理論とやらに照らして、「当てはめごっこ」をして「わかった」などと思われるとたまったものではない、と思っているだけである。

4　トリックスター

心理療法は文化人類学から実に多くのことを学ぶ。筆者が学んだチューリッヒのユング研究所では、資格を得るための前期の試験科目として文化人類学があり、講義も聴いた。非近代社会の文化について学ぶことは、神話や昔話の研究と共に、現代人の心の深層を知る上で大いに役立つのである。

イニシエーションについては既に述べた。文化人類学より学ぶことは実に多くあるが、イニシエーションと共に、もうひとつ重要なこととして、トリックスターのことを取りあげたい。トリックスターについては、わが国においては山口昌男の研究が意をつくしたものであり、彼の道化論によって多くの示唆を受けた。それについては既に発表してきたが[2]、トリックスターはあまりにも重要なことなので、ここに少し言及することにした。心理療法の本質ともいえる、破壊―再建設というプロセスにおいて、トリックスターは大活躍をするからである。

心理療法の場面において、トリックスターとしてクライエントが現われるとき、治療者がトリックスターとなるとき、両者の無意識内でトリックスターがはたらきはじめるとき、治療の過程に思いがけないトリックスターが侵入してくるとき、などさまざまの形でトリックスターが活躍する。

トリックスターとはもともと神話や昔話などで活躍する者で、変幻自在で神出鬼没、何をやり出すかわからないのである。最低のときは単なるいたずら者で、いたずらが露見して殺されてしまったりするが、トリックスターの思いがけない活躍によって、今まで無縁と思われていたものが関係づけられたり、真実が明らかとなったりする。確かにそれは旧秩序の破壊者であるが、それが新秩序の建設に結びついてくると、英雄として祭りあげられることにもなるし、ユングの言うように、「救世主の像との近似[3]」さえ認められる。

まず、クライエントとしてのトリックスターを考える。学校や家庭内で「困り者」とされている子どもは、多くの場合、そこの古い体制を破壊するためのトリックスターであることが多い。従って、心理療法家は、「困り者」を「よい子」にしようなどとは思わず、なし得れば、そのトリックスターの活躍によって古い体制が破壊されるのみならず新しい体制がつくられる方向に向かう道を共に歩みたいと思う。しかし、そのためには破壊を建設に変えるだけの強さが、本人にも本人を取り巻く周囲の人にも必要となってくる。周囲の人々が十分に強くないときは、トリックスターによる破壊を恐れ、トリックスターを殺いうなすことのみを考えるであろう。そのあたりのことをよく配慮して、心理療法家は、いうなれば、トリックスターがヒーローになる道を共にすすもうとするのである。

ギリシャ神話のなかのトリックスターの代表はヘルメスである。ヘルメスは「境界」に出没することの多い神であるが、まさにそのとおり、「境界例《ボーダーライン》」の人々は、トリックスターそのものである。心理療法家はその巧妙な「トリック」にふりまわされ、へとへとになってしまう。境界例の人たちはトリックスター元型に取りつかれているようなもので、無意識的に動くので、そのトリックは巧妙を極め、治療者はそのために烈しい怒りを誘発されたりする。治療者・クライエントの関係も常に破壊の可能性にさらされているわけである。そして、その破壊から建設がもたらされることもあり得ることを、治療者はどこかで意識している必要がある。

無意識内のトリックスターがはたらくように考えられるとき、治療者、クライエントの思い違いや、忘却、言いまちがいなどのことがきっかけとなって、不思議なことが生じる。決して言ってはならないことを言ってしまうとか、電話がかかってきたときに人まちがいをして応答するとか、約束をまちがうなどのとき、それは大失敗になりかかるが、失敗をしてしまったと単に反省するだけではなく、内なるトリックスターは何を狙っているのか、などと考えてみると、禍転じて福となることも生じてくる。困難な事例では一筋縄でゆくことはないので、このような危険をこえてゆくのはむしろ当然と思っていいだろう。

西洋の中世におけるトリックスターの最高の活躍の場である、カーニバルの祝祭空間の特性を山口昌男が明らかにしている[4]。それは多くの人が集まる「市場」というまったく開かれた空間であるが、現代の「セラピールーム」という密室空間が実によく似た特性をもっていることに気づかされ、興味深く感じたのである。山口昌男によれば、中世のカーニバルの「生の形式は、公的な固定した、いかめしい、高圧的な世界とまったく異なった、真に自由で流動的な世界を触知することを可能にするものだった」。ここで、彼は市場のもつ象徴性を分析して、それは「開かれた世界」であり、人々の「自由な接触」を可能とし、誰も「平等、または対等」であり、人や物の「流動性」が認められる。人々はそこで所有物を手放したり、獲得したりする「変貌」を経験し、「非日常」のイメージを喚起する、と論じている。

ここに示した「市場」のもつ象徴的特性は現在の心理療法の部屋とぴったりのものと思われる。まず、それは「密室」でありながら――というより、密室であることによって――治療者もクライエントも共に無意識に対して「開かれた」空間にいる。その開放された空間のなかで、無意識界に住む人々――そして動物まで――が「自由に」、「平等に」接触するのである。そのような「非日常」の世界のなかで、治療者もクライエントも自分たちの心のなかに「流動する」ものを感じ、自由な交換が生じて「変貌」を体験する。そして、そのような場においてこそ、トリックスターが自在に活躍するのである。このような危険に充ちた空間を確保するためには、「密室」を必要とするというパラドックスは現代の特徴といっていいだろう。かつてはそれは広場で行われていたことなのである。一人の人を相手に部屋にはいるとき、実はそれは多くの人々との接触をはじめることになるという自覚が必要である。

クライエントが思いがけない家出の決意を述べたりするときに、「先生も賛成していただけると思いますが」と確信していたり、もっと極端になると、「先生のおっしゃっていたとおり」などと言うこともある。そんなことはまったく事実に反するなどと考える前に、無意識内のトリックスターが活躍している現実をまず把握するべきである。といって、何もそれをすぐに肯定する必要はない。トリックスターにいつも動かされていたら、破壊の連続ということだけになってしまう。

あらゆる創造活動は何らかの意味において、境界への挑戦である。そのような意味で、トリックスターは創造性と関連が深い。創造的な人はトリックスター元型との接触を失わないように心がけているべきであるが、トリックスターに乗っ取られてしまうと、単に「嫌な奴」になるだけだったり、破壊者になるだけだったりする。

5 アクティング・アウト

心理療法によって他人の自己実現の援助をするのだなどとまで思わないにしても、悩んでいる人を助けてあげたい、というような気持で心理療法をはじめた人が、すぐにやめてしまう要因のひとつとして、クライエントのアクティング・アウト(acting out)がある。クライエントが内面的に遂行すべきことを、外的な行動として表出してしまうのが、アクティング・アウトである。甘い気持ではじめた人が、クライエントの極めて破壊的なアクティング・アウトによって傷つき、それ以後心理療法を行う気にならない、というわけである。

早い話が、心理療法の底流として、常に「死と再生」ということが存在しているので、それをアクト・アウトするならば、自殺ということが生じるわけである。治療の過程のなかで、死にたいとか死ぬとか言ったり、実際に企図したりということが割によく生じるのも、このためである。あるいは他殺ということもある。ある人の急激な変化を願うならば、その人の再生の願いは無意識内にあるとしても、アクト・アウトすることはその人の殺害ということになるだろう。人間は成長の過程においては、象徴的な「母親殺し」や「父親殺し」を必要とするときもあるのだ。

あるいは、心理療法における「深い」関係というのをアクト・アウトすると、心理療法家とクライエントの恋愛関係や、性的関係にまでなってくるであろう。後者のようなアクト・アウトは、治療関係を破壊してしまうことにもなる。治療者は自分の逆転移感情を意識化し、その意味を知ることによって、アクト・アウトを回避しなくてはならない。

アクティング・アウトは無いにこしたことはない。既に本章の第2節において転移・逆転移の「深さ」について論じたように、深い関係が成立しているときは、治療者も外的にはほとんど何もすることはないし、クライエントにとっても別に何ら「劇的」なことが起こるわけでもない。しかし、成長への過程は確実に進行する、という形をとる。もちろん、夢のなかでは劇的なことが生じることもある。他殺もあるが、時に自分の死をはっきりと夢に見ることもある。このようにして心理療法がすすんでゆくときは、治療者としてほんとうに有難いと思う。二人で物語の創作を楽しんでいるようなものである。しかし、このようなことはあまりない。

自己実現とか個性化の過程とかいっても、それはいろいろな道筋をとる。心理療法の場合、特にユング派の分析家は内面的成熟に目を向けがちであるが、やはり、内的・外的いずれも同等の重要さがあり、どちらに重点がかかるかはその人の個性によって異なる、と見るべきであろう。ただ、両者の間にある程度のバランスはあるべきで、その点についでは心理療法家は常に注意深くあるべきだが、内的・外的、どちらの方に価値があるとか、重点があるとかはきめつけない方がいいと思われる。筆者がこれまでかかわってきた人たちを思い起こしても、いろいろな場合があったと思う。

このように考えてくると、アクティング・アウトの評価も少し変ってくる。それに、クライエントの行動が意味のある行為か、アクティング・アウトかという区別もあいまいになってくるのである。特に年齢が若くなるほど、人間は行動によって学ぶ、あるいは失敗によって学ぶことが多いので、治療者がアクティング・アウトということを恐れすぎていると治療はすすまないのである。

不登校の子どもが家に閉じこもり、昼夜逆転の生活をして家族の悩みの種になっていた。ところが、少し明るい感じになり昼間に外出したりするようになったが、彼に言わせると、「自分は次の誕生日に自殺をする」ことを決心し、どうせ死ぬのだからそれまでは好きなように過ごそうと思うと気分が楽になってきたのだ、とのこと。もちろん、学校のことなどまったく問題にならない、というわけである。両親はそれを知って大慌てで治療者のところに相談にくる。

このようなとき、両親が治療者にすぐ訊きたがることは、「ほんとうに死ぬ気ですか」、

「おどかしですか」ということである。ほんとうに死ぬ気なら何としてもとめねばならない。もし「おどし」なら放っておけばよい、というわけである。だいたい人間が二者択一的に結論を焦るときは不毛なことが多い。どうせ「おどし」だろうと両親が安心してしまうと、子どもの方は最初はそれほどの気持でもなかったのに、ゆきがかり上何かのことはせざるを得ないという状況に追いこまれてくることもあるだろう。

要するに、子どもの内部に生じてきた可能性Xはその表現をするとき、子どもの表現能力と、聴き手である両親、治療者たちの受容能力との関係のなかで、「次の誕生日に自殺する」というのを、もっとも適切な表現として選んでいるのだ。大切なことは、ほんとうに自殺するのかどうかの判断ではなく、そのXをよく理解し、Xに対して反応することなのである。もちろん、そのXはすぐにわかるはずはない。しかし、治療者としてはすぐに「生きていることは大切だ」という説教をしてみたり、自殺防止のために入院を決定したりするよりは、もっとその子どものことを深く知ろうとする態度に出るだろう。そこには、自分はこの子の大切なXを知り得ていない、という自覚が伴うであろう。そのような姿勢に接して、子どもの表現も徐々に変化してゆき、Xの表現として「自殺」ということが意味をもたなくなるであろう。

治療者はこのように考えているとしても、両親にそれをわからせるのは非常に難しい。

しかも、両親は二者択一的な結論を焦っている。理論を述べたてても意味はない。相手の「納得がいく」言葉が必要であり、治療者の態度の一挙手一投足が大切なのである。相手の頭にではなくハラに作用する表現を考えだすのは、なかなか大変なことである。

心理療法において「受容」が大切と考えて、クライエントの言動を簡単に許容してしまう治療者がある。これは欧米に比して日本に多いのだが、そのことによって治療をかえって困難にしてしまう場合が多いので注意を要する。たとえば、クライエントが「父親をなぐってやる」、ひどいときには「殺してやる」などと言うときに、既に述べたようにその表現の背後にあるものに注目するのではなく、その言葉をそのまま容認してしまうのは問題である。もちろん、このようなとき、一般の「教育者」の言うような「父親をなぐってはいけません」とか「父親を尊敬しなくてはなりません」という類のことを言ってみても意味はない。しかし、「受容」ということを誤解して、ただ黙って聞いていると、クライエントとしては強い不安を感じるときがある。父親をなぐるなどと言っているとき、「なぐってはいけない」と治療者にとめられることを前提として言っているときがあるのだ。とめられることによって行動化を防止されるという安全性と、とめられたことに対して、「先生は私の気持がわからないのだ」などと攻撃を向けられる、というふたつのことが成就できることに意味を見出しているとも言えるのである。そんなときに黙っていられると、クライエントとしてはどうしていいのか不安が急に高まってきたりするのである。

クライエントの「表現」というものは、治療者の在り方とのかかわりで出てくるものであることをよく知っている必要がある。「死にたい」とよく言っていた人が、そのようなところを抜け出た後で、「死にたい、という言葉でしか生きたい気持を伝えようがなかった」と言われたことがあった。生きねばならぬし、生きたいと思う。しかし、あまりにも苦しい。その苦しみをなかなかわかってくれない。とすると、「死にたい」とでも言うより方法はなかったのだ。つまり、治療者がもっと、その人の生きる苦しみがわかっていたとしたら、生きたいというもっとストレートな表現がなされたかもしれない。しかし、このときは「死にたい」と言うより外はなかったのだ。

クライエントのアクティング・アウトを、治療者に対する何らかの「表現」としてみること、治療者の共感力がもっと高かったら、そのようなアクティング・アウトは不要かもしれないこと、これらの考えを忘れてはならない。このことは、アクティング・アウトがすべて「治療者の責任」だと言おうとしているのではない。しかし、ともかくすべてはクライエントの責任と考えて責めるのも単純すぎるのである。クライエントは治療者に対してのみ表現しようとしているのではなく、「世界」に対してそれをしているのだが、治療者はいうなれば「世界」の代表として、その表現を読みとかねばならないのである。

非行少年の心理療法をするとき、よく体験するのは、いわゆる「裏切り」の行為――アクティング・アウトと見なされるが――である。ある独身の高校の教師が非行を行なって退学になりそうになった高校生を、自分のアパートに一緒に住むように引き取って指導をする。驚くほど急激によくなって喜んでいたら、その教師の月給を盗んでとび出し行方不明になってしまった、などというのはよくあることである。そんなときに「恩を仇で返された」とか「裏切り」とかいうことがある。しかし、それを、その高校生の教師に対する「表現」として読むとよくわかることが多い。

少年が急によくなってくるとき、彼は相当な苦しみを味わっているし、耐えてもいる。そのときに教師が他からほめられることもあって、自分が「よくしてやっている」と思ったり、誇らしげに感じたりすると、そのことを少年は敏感に感じとるのである。教師は自慢をしたいだけのためにやっているのではないか。そもそもほんとうに自分のことを考えてくれる人などいるはずがないのだ。このような考えが強くなってくるとき、少年は「先生、本気ですか」と訊きたくなるのではなかろうか。あるいは、彼は何度も親や世界に自分の期待を裏切られてきた苦しみを伝えたいと思うのではなかろうか。彼は自分の感情のもっとも適切な表現として、いわゆる裏切りなるものをしたのではなかろうか。

心理療法家が、クライエントの相当なアクティング・アウトに長くつき合うのを見て、随分と辛抱強いなどと言われることがあるが、別に辛抱したり、忍耐したりしているわけではない。自分の能力を知り、クライエントの表現がわかってくると、まずこんなところか、と思いつつつき合っているのである。こちらにもっと凄い共感の力があれば、クライエントもそれほどアクティング・アウトは繰り返さないだろう、とも思うのである。

クライエントは治療者の微妙な心の動きを察するのに、非常に敏感で、「先生は慢心していただろう」とか、「安心して気を抜いていただろう」などと的確に指摘することもある。そのときはそれを認めてあやまることが必要だが、不必要にあやまり過ぎることはない。そのようにすると、クライエントは急激に不安に陥り、罪悪感をもちすぎたりして、ますます、アクティング・アウトに走ってしまう。あやまりすぎると、この治療者は頼りないと思って不安になってくるので、どこまで頼り甲斐があるかを確認するためのゆさぶりをかけざるを得なくなるのである。

失敗したときに、それにふさわしく、多くもなく少なくもなくあやまるのも難しいことである。しかし、スポーツにしろ芸術にしろ、「適度」というものがあって、それをピタリときめるのが芸なのだから、心理療法家は「心」のことについて、適切なところをきめる修練を積むべきであると思う。治療者の「適切な」応答が、相当にアクティング・アウトを減少させると考えられる。もちろん、既に述べたように、ある程度はアクティング・

アウトがないことには、先にすすまない場合もあるのも事実ではあるが。

注

（1）大江健三郎『小説の方法』岩波書店、一九七八年。
（2）河合隼雄『影の現象学』講談社、一九八七年、にトリックスターの心理療法における意義について論じている。
（3）C・G・ユング「トリックスター像の心理」、ラディン／ケレーニィ／ユング、皆河／高橋／河合訳『トリックスター』晶文社、一九七四年、所収。
（4）山口昌男『道化の民俗学』筑摩書房、一九八五年。

第十章　心理療法の終結

心理療法の終結というのも難しい問題である。深く考えだすとわからないところがたくさんでてくる。人間の成長には限りがないはずだし、心理療法が人間の成長にかかわるのであれば、終りがあるのはおかしいということになる。たとえば、宗教家が自分は悟りを開いたというので、祈りもしなければ修行もしないというようになれば、おかしいと思われるのではなかろうか。

心理療法を長い間受けている人は、それによって得るところがあるので、終りたくないと思う。あるいは、一応は終ったという形になっていても、何かにつけて相談にきたり、電話をかけてきたりすると、どうなるだろう。形の上で終っていても、心理的には終っていないということにもなろうが、これをどう考えるべきだろうか。あるいは、治療者やクライエントの転勤などで、どうしても関係が続けられ難いときがある。そのときにどうするべきかも問題である。あるいは、治療者としてはまだまだ続ける可能性があると思っているときに、クライエントがやめたいというときもある。いったい「終結」ということを、誰が何によって決めるのか。考えはじめると大変な問題ばかりだが、一応、次にそれらについて論じることにしよう。

1　終結とは何か

心理療法の終結について考えるとき、よく思い出すのは、グリムの昔話の「黄金の鳥」である。ある王様の庭にある黄金のりんごの木から、毎晩ひとつのりんごが盗まれる。それは黄金の鳥が盗むからだとわかり、王はその鳥を取ってくるようにと言う。王の言いつけで旅にでた第一、第二の王子は、狐が忠告してくれたことに従わず、遊びほうけて帰ってこない。第三の王子は狐の忠告に従って、黄金の鳥のいる城にはいりこんでゆく。しかし、狐はそのときに鳥を木のかごに入れてくるように忠告していたのに、せっかく黄金の鳥を入れるのだから、と傍にある黄金のかごに入れる。すると、鳥が鳴いて見張りに見つかり捕えられてしまう。そこで罰として黄金の馬を取りにいかされる。狐がまたやってきて、私の忠告をきかないからですよ、と言いながらもまた馬を盗る方法を教えてくれる。この際もすべて狐の忠告に従いながら、最後のところで、狐の忠告に反して、黄金の馬には黄金の鞍が似合うと考えて、失敗して捕えられる。

王子は殺されそうになるが、黄金の城の美しい王女を連れてくるなら許すということになる。またもや狐の助けで王女を連れてこようとするが、最後のところで狐の忠告を破って、姫が父親に別れの言葉を言うのを許したために捕えられる。罰として与えられた、山を動かすことも狐がやってくれ、結局は、王子は王女、馬、小鳥のすべてを手に入れて帰国する。そこでは第一、第二の王子の妨害があるがその点は省略する。第三王子は姫と結婚してめでたしめでたし、というそのとき、狐は王子に「自分を打ち殺して首と手足をちょんぎってくれ」と言う。王子ははじめのうちは承諾できなかったが、とうとう言われたとおりにする。すると狐は人間に変身し、それは姫の兄だったことがわかり、ますますめでたしで終りとなる。

この話を心理療法の過程の類比として読んでみると、興味深い点は、主人公が狐の忠告に反することによって、ますます困難に陥ってゆくように見えながら、結局はそのことによって得るものが多くなっていっているという事実である。

このことは次のように考えられるだろう。狐の知恵というのは、黄金の鳥であっても木のかごに入れてくればいい、それでうまくゆくというのだが、人間の知恵は、せっかく黄金の鳥をもって帰るのなら、黄金のかごの方が似合うというのである。狐から見ると、浅はかな知恵ということで、それによってあらたな困難が生じる。しかし、それはまた獲得するものが増える基礎にもなるのである。神経症の症状をバネにして、心理的課題が解決されたと思っても、症状が消えなかったり新しい症状や問題がでてきて、どうなっているのかと思っていると、新しい心理的課題が浮かびあがり、それと取り組んでゆくことになる。このような人はこの話にピッタリなのである。つまり終結が遠のくことによって、仕事の遂行も増えてゆき、得るものが多くなるのである。

心理的仕事の遂行と症状の消失が重なると、終結をきめやすい。しかし、時に症状が残ったり、新しい症状がでてきたりするとき、前述の話を思い起こすと了解されることがある。先にも述べたが、自分の症状は不変で、十数年の間、通っておられるうちに、家族の症状が消失していった例があったが、その人の課題には家族のことも深くかかわっていたのである。もちろん、症状が不変で長く続く人が皆このような人とはいえない。グリムの昔話のなかの第一王子、第二王子のようになすべきことをせずにいて、そのままの状態というのもある。このようなときは、心理的課題との取り組みがなされないので長びいているのである。

この昔話が示すように、心理療法もどこかのところでそれなりの終りがくる、ということが考えられる。「お話」としては、めでたしめでたしで終っているが、この王子にしても結婚後にどのような困難がふりかかってくるかわからない。しかし、それはもう自分の力でやり抜いてゆこうということであろう。最後のところで、狐を打ち殺し、それが人間に変るところは印象的である。ここのところはいろいろな解釈があり得るが、われわれの関心にひきつけて考えてみると、無意識内に存在する知恵の顕現としての狐のイメージを、もし治療者に投影していたクライエントがいたとすると、ここで、そのようなイメージを「殺し」て、それが人間となる、つまり、自分と同等の存在となるところで、終結になる、というような読みとりもできるであろう。

事実、次節にも述べるが、終結に当って、治療者の死の夢を見たり、子どもが遊戯療法で、治療者を遊びのなかで「殺す」ことをしたりするのはよくある。それは、治療者との非日常空間でのつき合いは終りとなることを宣言するものであろう。

長期間にわたって会っている人は特に、終結が近づくと不安を感じるのも、むしろ、当然といっていいであろう。別れることの不安を防ぐために、新しい問題を「探し出して」きて話をするようなことや、時には新しい症状が出現したりすることさえある。そのようなとき、終ることに伴う不安について話し合うことが必要である。筆者は申し込みを受けながら、手一杯で待ってもらっている人のことを考え、できるだけ早く治療を終結にしようとする姿勢をもっていたが、それが前面にですぎると、かえってクライエントを不安に陥れ、しがみつきたいような感じにさせて長引くことになるように思われる。

何しろ、心理療法は一対一で行われるので、「効率」を考える人からは非難されることがある。もちろん、他に効率よくする方法があればやるのがいいと思うが、一人の人が変るということは、根本的に「効率」を度外視するような態度を要求するのである。できるだけ早く終ろうと思っていると、長引いてくるが、この人が一生続けてきても五十年くらいであるし、人類の歴史から見るとそんなのは一瞬のことなのだから、などという気持でいると、かえってその人は離れてゆける、というようなパラドックスがある。

終結というのは関係が切れるのではなく、関係が「深く」なるので、それほど会う必要がなくなるのだと言ってもいいし、あるいは、クライエントが「治療者」像を自分の内部にもつようになるので、外界に存在する治療者に会う必要がなくなるのだ、という言い方をしてもいいであろう。

人生の過程は死ぬまで続くし、その間に人間の個性化の過程も続くのであるから、心理療法や分析が終るのは、別に人生の歩みがとまることではない。ただ、その道を自分なりにすすんでゆくのであり、心理療法家にそのために会いにくる必要がなくなった、ということである。従って、特にそのことがまた必要とあればくればよいのである。問題は、心理療法家に会いにきていると、安心であるとか、頼りにできる、というだけで続いているのは安易すぎるので、その点については心理療法家の方が判断して話し合うべきであろう。「まだまだ、続けてゆくと自分にとってはいいことがあるだろうけれど、自分よりもっと苦しんでいる人のために道を譲りたい」という表現をして終結になった人が割にあるが、その気持はよくわかるのである。

長い間症状の続いた人には、症状がなくなるとすぐ終るというのではなく、症状がなくなったときにどんな感じがするのかを訊く方がよい。長らく幻聴があった人が、幻聴がなくなったとき、「年来の友人を失ったような気持」と言われたが、よくわかる気がした。症状がなくなってもちろん嬉しいのだが、その反面、淋しいような感じがする。あるいは、不安が強くなったりする。そのような気持について話し合ってゆくと、だんだんと淋しさや不安は消えてゆくようである。いうなれば、「失った友人」の喪に服す期間が必要というわけである。

終結について話し合うときは、治療者が当然のこととして話をはじめても、クライエントとしては見棄てられると感じるときもあるし、また、クライエントとしても、やめると言うのは何となく治療者に申し訳ない、などと思っている人もある。これほどお世話になったのに、よくなったからといって急に……という日本的配慮ともいえる。後者のようなときは、おかげでよくなったとか、はじめてお会いした頃の苦しみがうそのようです、などといった表現によって、「そろそろ終りにしましょう」という言葉を引き出そうとするのが認められる。それに乗って治療者が終結の話へともってゆくといい。筆者は、「ひと山越えた感じですね」という表現を使うことがある。すぐ「終り」と言うのとは異なり、「ひと山越えた」と言うのだから、それではこの辺でと終りにしてもいいし、また、あらたな気持で挑戦ということもある。実際に、「これから、ふた山もみ山も越えてゆかねば、と覚悟しています」と言われた人もある。

2 終結夢

初回夢の重要性についてはよく知られているが、終結夢(termination dream)ということを言う人はあまりない。しかし、筆者は終結夢という現象は相当にあるし、注目すべきことである、と思っている。それは必ずしも最終回に生じるとは限らない。また、その夢によって、治療者もクライエントも治療が終りに近づいたことを納得できる、という場合と、両者が終結に合意した後で、それまでの治療の見直しや評価、あるいは、治療者から離れて、今後一人立ちしてゆく上において支えとなるようなことが夢にあらわれる場合とが、あるように思われる。このことは筆者自身の体験のみではなく、多くの事例の指導をしているときにも見出されたことである。治療が終りに近づいたとき、「終結夢」ということにも心を配っているのがいいと思う。次に終結夢と思われるものの例を示す。印象的なものはこれまで他に発表したので繰り返しになるが、どのような類の夢があるかを示す意味で少し例示してみたい。

先に、終結に当って治療者のイメージがクライエントに内在化されることを述べたが、そのことが終結夢に示されることがある。二十歳代の対人恐怖症の男性が終結時に見た夢で、自分もこれから一人で外へでてゆかねばならないが、心細いことだと思っていると、庭に横たわっていた菩薩像の目が動き出し、立ち上って、同行してくれることになる。自分一人では心もとないと思っていたが、菩薩が同行してくれるので、信頼して一緒に行くしかない、と思う。

これは仏教でいう「同行二人」のテーマそのままの夢である。一人で外出するのは心細いと思っているとき、菩薩が同行してくれるというのだから、もう安心である。これは治療者像が内在化されたと言ってもいいし、クライエントの深層に存在する救済者の像を明確に把握できたと言ってもいいだろう。いずれにしろ、治療者と離れて自立してゆけることを示していることは明らかで、終結夢のひとつと考えていいだろう。

筆者はチューリッヒでの訓練を終えて帰国することが近づいてきたとき、当時はユング派の分析など日本に全然知られていず、分析家から離れて一人で日本に帰ることを実に不安に感じていた。帰国後すぐに、夢のなかで自分の分析家が日本の豊橋に住んでおり、しかも、日本語で話し合いをする、ということを見た。これも一種の内在化の夢で、分析家が日本に住んで日本語で話をしてくれるので、一人で淋しい想いをせずにすむ、という意味にとられ、一種の終結夢であろう、と考えた。なぜ豊橋という土地が選ばれたのかわからなかったが、当時、自分が東洋と西洋の橋渡しをしなくてはなどと思っていたので、「豊かな橋」という意味なのか、などと考えてみた。

グリムの「黄金の鳥」では最後に狐が殺されるが、終結夢において、治療者の死が生じることは少なくないようである。終りに当って、治療者が変化することや、別れの悲しみや、死のイメージをめぐるいろいろなことが意味をもつのであろう。次に記すのは離人症の女子高校生の夢である。

夢 治療者が私の学校に講演にくる。何故かしらないが自分は出席しない。暫くすると、治療者が死んだという報せを受け、悲しくて号泣する。母が傍にいたがあまり悲しそうではない。目が覚めて夢とわかりほっとする。また眠り、治療者が死んだ夢を見て泣く。

これに対して、クライエントは次のように連想を述べた。一度は夢とわかってほっとして眠ったのに、また同じ夢を見たのは不思議だが、よほど必要な夢であったのだろうと思う。「治るということの悲しみ」で泣いた気がする、治療者のイメージが急に変化してゆくように思う、などと語った。そして、治療者の死に対して、「何かを得るためには何かを失わねばならない」とも語る。グリムの昔話で、狐が王子に変ることはめでたいことではあるが、考えてみると、狐のもっていた神通力は失われて普通の人間になる、ともいうことができる。それは悲しいことでもあるのだ。このような夢によって、「治ることの悲しみ」を十分に体験することは必要なことである。治ることには悲しみが伴うのであるが、それを意識化するべきなのである。

治療者の死に伴う悲しみだけではなく、もう少し別離の決意が示されているものとして、不登校の青年男子の終結夢を示す。

夢　先生(治療者)の家にくるが返事がないので裏にまわる。裏には人が半円形に坐っている。石の地蔵さんみたい。前は子どもで、後は大人。よくみると座敷にも同じような人がいて、中央に先生が横たわっている。(人のつくる半円は明と暗の対比がある。）後から大きい声で、今きましたとか、時間どおりきましたとかいうが返事がない。そのうち、先生が立ち上って何か言おうとするが声にならない。皆がおしとめて横にならせる。涅槃図のようであった。

ここでは治療者に仏陀の姿が投影されている。自分に対する「救済者」として治療者を見てきたクライエントも、終結に近づくにつれて現実の人間としての治療者を認識し、それを受けいれると共に、仏陀としての治療者とは別離することになったのである。この夢といい、先に示した「同行二人」の夢といい、仏教にまったく関心をもたない青年がこのような夢を見ることは非常に興味深い。それに治療者も当時は仏教には無関心だったので、なおさらのことである。

何年か以前に、患者が治療者を殺した事件があった。殺された医師は患者に対して、心を開いて接する人であったらしい。医者が患者に対して心を閉じていると、そのような事件は起こらないのではなかろうか。そのときは治癒に至る過程のひとつとしての、治療者の死などというイメージが動き出すことはない、と思われるからである。しかし、そのような重要なイメージも、アクティング・アウトされるときは、悲劇的な事件になってしまうのである。心理療法というのは、なかなかの仕事である。

終結夢として、ある種の全体性の表現のようなのが見られることもある。前記の夢で、人物像の配置がマンダラ様に見られ、座敷の外と内とが明と暗に対照的に分けられているのも印象的で、影のリアライゼーションということの達成も暗示されているのである。次に示すのは、幻聴に悩まされていた女子大学生の終結夢と見なされるものである。

夢　桐の箱がふたつあり、各ゝに朱色と白色の色紙がはいっている。それには歌が毛筆で書いてある。各ゝ四枚ずつはいっていて、それぞれ四季の歌が書いてある。「春なれや……」、「夏なれや……」、「秋なれや……」、「冬なれや……」。

この夢を見た女子学生は、もう随分と昔の時代だったこともあって、極めて厳格な家に育ち、恋愛ということさえ罪悪として教えられてきた。そのような彼女にいろいろと幻聴が聞こえはじめ、「いろきちがい」などと性に関する内容が聞こえるのである。最初は近所の人が言っていると思っていたが、銭湯にいったとき、男湯の方から女の声が聞こえてくるのでおかしいと思ったと言う。夢分析を通じて、一面的な自分の育てられ方や生き方を認識してゆくうちに、幻聴もまったくなくなった。そのようなときにこの夢を見て、夢から覚めながら「恋愛ということが認められる」と感じた。彼女の言葉によると、「この世のなかに春夏秋冬が存在するように、恋愛ということも存在するのだ」と感じたのである。今まで否定されていた恋愛とか性というものが、彼女の心のなかに全体として位置づけられるのを、このような春夏秋冬という存在で示しているのは非常に日本的な感じを受けた。それを和歌で表現しているのも興味深い。ちなみに彼女は和歌にはまったく関心をもっていなかった。

終結夢によって、治療全体の「評価」のようなものがわかるときもある。学校時代の通知簿をもらって、それに点がついていた夢を見た人もある。自分の足の裏を治療者のと比べてみて、以前より大きくなったと喜ぶ夢を見た人がある。この人は知的な人であったのと理想主義的な生き方をする人であったが、「足を地につけて歩く」ために足の裏が大分大きくなってきたのだ、と喜んだのである。これも一種の「評価」と見ていいであろう。

遊戯療法の場合も、終結プレーと呼びたいような終結にふさわしい遊びが行われるときがある。ここでも治療者の死ということは大切なテーマである。最終回のプレゼントとして、「先生の墓」の絵を描いてもってきた子もあるし、遊んでいるうちに、ピストルで治療者を撃ち、治療者が「やられた」と死んだ真似をしているうちに、「さよなら」と帰った子どもさえいる。これらは、成人の夢で治療者の死について述べたのと同様の心のはたらきが生じていると見ていいであろう。

最終回の遊びにおいて、それまでにしてきた遊びを順番に少しずつしながら、「こんな遊びをしてきたな」などと言うこともある。これは成人のクライエントが終り近くなって、それまでの経過をふり返って話をするのと同様で印象的である。あるいは、「今日は部屋を片づける」と言って、部屋をきれいに整理した子どももある。子どもなりに心の整理をつけるための精一杯の努力をしているのであろう。

3　終結とアフター・ケア

心理療法の終りといっても、そこが人生の終りでもないし、治療者とクライエントとの「縁」が切れてしまうのでもない。しかし、治療者としてはできる限り、クライエントがその後一人立ちしてゆけるように心がけるべきである。少なくとも、治療者の方が未練がましい態度になることはあってはならない。

箱庭療法や絵画療法などの表現活動を主として用いたときは、治療の流れを大切にするために、治療者としては思っていることを言語化していないことが多い。そこで、クライエントが子どもではないときは、終結に際して、箱庭のスライドや絵などをクライエントと共に最初から終りまで見直すことをするのが望ましい。全体をシリーズとして見ると新しい発見をするし、治療者の考えを言語化してクライエントに伝え、クライエントも自分の考えていたことを語ってくれて、お互いに多くを得ることができるであろう。絵などの作品はクライエントに返し、箱庭のスライドもクライエントに渡して、コピーを治療者がもっていていいかと許可を得るべきである。

夢分析の場合も、できればクライエントと最初から見直しをするとよい。夢が多い場合は、一回にはできないので何回かに分けて、すべてについてすることはなくとも、印象的なのをピック・アップして論じたりする。その当時は気づいていなくとも後から見ると、相当に予見的なものがあることに気づいて、驚くときもある。箱庭にしても夢にしても、それを素材にして二人で語り合っているときは、治療者とクライエントが同等の感じになることが多く、それもお互いに普通の人間として別れてゆくためのひとつの儀式となっていると感じられる。

終結に当っては、それ相応の「儀式」が必要なときもある。心理療法を行なってきた期間や、クライエントの状況などによって適切な方式が考えられるだろう。口頭の短い挨拶だけのこともあるし、プレゼントが交換されることもあろう。それらすべてが「適切」であることが終結の場合、特に大切なので相当な配慮を必要とする。あるとき、重い障害をもった子どもを三年間ほど担当した治療者が、その子どもの家の移転のため、もう少し仕上げが必要と思いつつも終結ということにした。治療者としては胸のつまるような気持で別れたのだったが、その母親があまりにもあっけなく「さよなら」と言っただけで別れてしまったのでショックを受けた。

自分の態度にどこか問題があったのかとか、三年間の自分の努力を何も評価してもらえなかったのかとか思い悩み、その治療者が筆者に相談にきたことがある。このようなことはあんがいよく生じることが、重い問題のときほどあると言っていい。それは、問題が大変なとき、その人はそれに疲れ果てていて感謝の言葉を言うほどの余裕がないのである。あるいは、子どものことに心を奪われていて、治療者のことなど考えていられない。それにあまり苦しいときは、他人が援助してくれるのはむしろ当然で、感謝などということは出てこないのである。このようなことがわかってくると、その母親の態度もよく了解できるのである。感謝にしろ別れの悲しみにしろ、感情を適切に体験するためには強さや余裕を必要とするのである。

アクティング・アウトの強かった人は、よくなってから何か月あるいは何年かしてから、アクティング・アウトに対する深い悔恨から抑うつ症になることがある。もっともひどい場合、自殺ということもあり得る。そこで、終結に当って、いつか急に気分が沈んだり、何をするのも嫌になったりすることがあるかもしれませんとか、そんな人も割にあるのですよ、と告げて、そのときには遠慮なく電話をするか、来談するかして下さい、と言っておくとよい。もちろん、このときに「予言的」な言い方をするのは禁物で、そんなこともありますよというくらいの感じでさらりと言っておくのがよい。心の片隅に残しておいてもらうのである。そうすると、抑うつ的になったときに、はっと思い出して来談されることになる。

青年期までのクライエントは、心理的な課題を、心理療法が終ってから自分の力で成し遂げてゆくような形になることが多い。そこで、適当なところで心理療法は終結にするが、後は本人の努力に頼ることになる。このようなときは、はじめに主訴として述べられた症状が消失したり、問題が解決したりしてはいるが、治療者から見ると心理的課題はまだ未解決と感じられる。しかし、そのために心理療法を続けねばならない、と考える必要はない。もちろん、本人がそれを自覚して続けたいという場合は別であるが、多くの場合、本人はやめたいと言うであろう。そのようなときに、それに従うとしても、未解決の課題があることを言語化することが、意味があると思うときには言えばいいが、必ずしも言った方がいいとは限らない。何かあればいつでもきて下さいと門をあけておくぐらいの方がいいようである。

治療者としても不安が残るときは、やめて一か月後に一度会いましょうなどと約束しておくこともある。長期にわたる面接をしたときなど、一挙に治療者から離れるのに不安を感じる人には、二週間に一度、一月に一度などと徐々に回数を少なくしてゆくこともある。回数を少なくしてゆきながら、治療者なしで一人立ちしてゆくことを学ぶのである。夢分析をしていたクライエントで、このような現実適応の期間に夢が少なくなったり、夢をもたずに来談するようになることも、よくあることである。外的なことにエネルギーをとられるためで、むしろ当然とも考えられる。

クライエントが無断で来談しなくなる中断は、心理療法の「失敗」と一応考えられるが、一概にそうとばかりは言えない。特に、学校や企業などの内部で、カウンセリング・ルームなどを開いているときは、ある程度よくなったり、楽になったりすると、無断でいかなくなるのは、医者に対するのと同じような感覚でいる場合がある。つまり、軽い風邪のような病気で医者にかかっていて、よくなったとき、わざわざよくなりましたと報告にいかないのと同じように思っているわけである。従って、カウンセラーとしては中断と思っていても、よくなっていることもある。

来談するはずと思っていたクライエントが無断でこないとき、電話をかけるのは望ましくない。直接に電話で、どうしたのですかなどと訊かれると答に窮してしまうこともあるからである。むしろ、手紙を出すのがよい。来週の来談を待っていることを書くのであるが、文面は状況によってよく考えて書くべきである（この点については、二七六頁以下を参照）。手紙を出しても来談しないときは中断になるが、なるべく次の機会につながるように、つまり、クライエントがくる気になったときにこられるようにしておくのがよい。

失敗、つまり中断をあまりにも恐れていると、クライエントに次も「きてほしい」と願うような気持が強くなりすぎて、治療者の姿勢が甘くなるときがある。そのときは、心理療法は長く続くが、「療法」として意味を失ってしまう。心理療法というものは、うまく動いているときはいいが、（あるいは、うまく動いていても）、治療者、クライエント共に苦しみを強いるところがある。本格的な心理療法は、地の利、人の和、天の時がそろわないと難しいと言いたくなるようなところがある。こうまで言うのは言い過ぎであるが、それほどのものだという自覚をもって努力すべきで、安易に「続ける」ことのみを考えては駄目である。

せっかく会っても、関係が成立せず、次から続けてこないという人も稀にある。随分以前に拒食症の小学生女子に会った。こちらの願いも空しくその子は次からこないと言った。いくら一所懸命になってもこちらの差し出す手が短すぎて相手の心に届かないのである。筆者は無駄と知りつつ手紙を書き、ぜひきてほしいが、こられないときはせめて手紙のやりとりでもしたいと書いたが答はなかった。子どもはこなかったが両親は続けて来談したので、子どもの症状も徐々に好転していった。

ところで、十一年後、はからずも筆者のもとに「返事」が届いた。「昭和×年×月×日に頂いたお手紙に、今返事を書きます」という書き出しで、今は成人して健康にすごしていることが書かれていて、「先生からの手紙は私の宝物となってしまいました」と、筆者の手紙に対する感謝の気持が書かれていた。筆者は、この子に対して何もできないと感じ、手紙を書きつつも返事はこないだろうと思い、そのとおりと知ったときの無力感を今もよく記憶している。しかし、そのような無力感を超えて、受けとめる側の人の心のはたらきは自己治癒の方向にはたらき続け、十一年後の返事としてそれを表わしてきている。こんな経験をすると、無駄のようでも、ともかく自分にできることはしておくべきだと思う。

第十一章　心理療法家の訓練

心理療法家になるためには、相当な教育と訓練を必要とする。これまで述べてきたことから考えても一朝一夕にはなれないものであることがわかるであろう。しかし、わが国においては、「心」のことを軽視する傾向が強く、心理療法家の資格が国家の問題として考えられることは、長い間なかったのである。これに反して、欧米においてはそのような資格を考え、それにふさわしい教育・訓練を高等教育機関において行うことが早くから行われてきた。このことについては、わが国においても、欧米諸国に劣ることのない資格を公的に設定できるように、目下、努力をしているところである。ただ、ここにはそのような制度に関することよりも、もっと心理療法の本質とかかわる点について、考えてみたいと思っている。

心理療法家になるためには、多くの二律背反に耐える強さをもたねばならない。理論的思考と実際的な行為、の両方を学んでゆくのであるが、そこに存在する多くの対立原理が、その人間の体験を深める方向に作用しているか、あるいは、分裂をきたす方向に作用しているかによって結果は異なってくる。下手をすると、心理療法について講義するし、論文も上手にかけるが、心理療法そのものをすることができないようなことにもなる。

心理療法における訓練の問題も、従って、簡単には語れないのであるが、できる限り本質を見失わないようにして述べてゆきたい。

1　心理療法家の資格

心理療法家の素質についてはじめに一言しておく。この点についてはよく尋ねられるが、ほんとうのところはよくわからない。素質を云々する前に、ともかく本人が「なりたい」と思うことが大切で、本人の意志がある限り挑戦してみなさい、と言うより仕方がない。ただ、「なりたい」というよりは、自分こそ「適任だ」と思う人で感心しないタイプがある。ひとつは、自分の「豊富な人生経験」によって悩んでいる人を助けてあげられる、と思っている人である。その人がどれほど「豊富な」人生経験をしていても、それによって人に役立つことなどは極めて限定された範囲のことである。心理療法家にとって、まず大切なことはクライエントの考えや感情であり、クライエントの個性を生かすことである。

自分の人生経験を生かしたいと意気込むことは、心理療法家に必要な根本姿勢とまったく逆のことになる。

次に問題となるのは、自分の傷つきやすさ(vulnerable)を敏感さ(sensitive)と誤解して、自分は弱い人の気持がよくわかるので、そのような人の役に立ちたいと思う人である。確かに、傷のある人は他人の傷の痛みがよくわかる。しかし、そのようなわかり方は治癒につながらない。傷をもっていたが癒された人、傷をもっていないのに、傷ついた人の共感に努力する人などによってこそ、心理療法が行われるのである。もちろん、このようなことには程度の差があり、深く考えてゆくと、いろいろ考えも変えねばならぬだろうが、ともかく、単純に、自分の傷つきやすさを頼りにして心理療法家になろうとするのは、困るのである。

「完全な」心理療法家などはいないのだから、心理療法をしていても、自分にその資格があるかと迷い、時にはやめた方がいいのではないかと思ったりするのも当然で、それと「この職業以外に自分にとってすることはない」という確信との間に揺れることによって、心理療法家は成長してゆくのである。自分が心理療法を行なっていることに疑いや迷いがまったくなくなる、ということは考えられないのではなかろうか。

心理療法というのは、自分の「知識や技術」を適用して必ず成功するという仕事ではない。これは、専門的な教育と訓練を必要とする点において明らかに「専門職」であり、誰でも彼でもができることではない。しかし、他の「専門職」と異なり、自分のもつ知識や技術だけではなく、相手の可能性をはぐくみ、それによって勝負するというところがあり、相手の「個性」を尊重する限り、一回一回が「発見的」でなければならない。この点で、多くの専門職で、心理療法家ほど「謙虚さ」を必要とし、「初心忘るべからず」の言葉が生きている世界はないであろう。

この点を特に強調したい人は、心理療法家や臨床心理士などという資格は無用というよりは、有害であるとさえ主張する。常に「初心」を忘れずにクライエントと共に歩むことが大切で、「資格」などを設定することによって、むしろ前者のような基本姿勢には妨害的にはたらく「専門知識」などをつめこまれて、慢心を起こし、クライエントにレッテルを貼ることだけに熱心になるので、資格は有害である、と言うのである。

この考えも一面的であると思う。クライエントと共に歩むとか、クライエントの可能性が大切だからこちらの能力などどうでもよいのだなどと単純に考え、それを行おうとしても、素人の熱意や善意ではどうしようもないし、危険であるとさえ言えるのである。心理療法の訓練を受けていない人が、心理療法的なことをはじめたり、「裸になって会う」などということを試み、クライエントのアクティング・アウトによって、後はそれを放棄せざるを得ない状況に追いこまれている例は、少なくないのである。

このような例に接すると、心理療法家としての資格を設定することは、クライエントの利益を守るためにも必要であると考えられてくる。しかし、これは他の専門職の資格とは少し異なるという自覚が必要である。これまで何度も繰り返し述べてきたように、心理療法家にとって大切なことは、クライエントの実現傾向を尊重してゆく、という根本姿勢である。ところが、自分は「資格」をもった専門家である、ということを誤解すると、根本姿勢が崩れ、他人に対して自分の信じる理論を適用して、「判定」したり「操作」したり、したくなってくる。そして、それは治療者にとっては楽な方法である、という魅力をもっている。治療者が一段高いところに位置してしまうのである。

しかし、根本姿勢などといっても、単なる「心がけ」でできるようなものではない。それは長い訓練によって身につくものであり、訓練によって改善されるものである。これは訓練によって徐々に身についてくるのである。それがある程度できてきたところで、「資格」を与えることには、意味がある、と考えられる。

以上のことを身につけるために、大学教育が必要かという議論もある。これは、心理療法家は、クライエントの実現傾向と現実社会との間に折り合いをつける仕事をするのだから、相当な強さと、現代社会に対する認識などをもつべきであるので、大学教育を受けることはむしろ最低必要条件と考えられる。アメリカの州によっては、博士号をもつことを必要条件としていることを知ると、その意味がわかるであろう。

大学卒業後、いろいろな学派の考えをある程度知った上で、自分のものとしての心理療法の理論と実際を統合的に身につけてゆくためには、五年間の大学院の教育が妥当なところと思うが、現在のわが国の諸事情を考えると、修士号をもつことを必要条件とするあたりが妥当ではないかと思われる。これら具体的なことは、今後の社会状勢の変化と共にある程度は変ってゆくだろうが、少なくとも、修士レベルの大学院課程を必要とすることは変らないであろう。

心理療法家の仕事は危険に満ちた、大量のエネルギーを必要とする仕事であって、簡単にはできるものではない。多くの人が何となく他人の役に立ちたいと思っているし、自分のお蔭で他人がよくなったなどと思いたいものだから、他人の相談に乗ったり、指導をしてあげたりしたいと思うのはよくわかるが、それは趣味の範囲内であり、職業としての心理療法とは異なるものなのである。

心理療法家は常に常識を超えた判断や考えを必要とされるだけに、一般常識をよく知っていなければならない。何かのことをよく知らずに超えようとしても無理な話である。常識にとらわれている人が心理療法家になれないのは当然のことであるが。このように考えると、心理療法家にとっては、毎日の日常生活が訓練の場であるようにも思えてくるのである。

心理療法家は極めて主観的なかかわりと、あくまでそのような現象を対象化してみてゆこうとすることとを、両立させてゆくようにしなくてはならない。どちらか一方に偏すると必ず失敗してしまう。このような一見矛盾するようなことを、その人の個性との関連でなし遂げてゆくのは容易なことではなく、そのためには次節に述べるような個人指導としてのスーパーヴァイズが必要となってくる。心理療法家の資格の条件として、スーパーヴァイズを受けることをぜひあげておかねばならないであろう。これは訓練の中核にあると言ってもよいであろう。

心理療法家になるために、教育的に心理療法を受ける、あるいは、教育分析を受けることは、筆者は自分の経験に照らす限り非常に肯定的である。しかし、この場合は、教育分析家との極めて深い人間関係が生じてくるので、それに伴う害も生じてくる。その点を考えると、公教育の場で必修とすることには抵抗を感じる。それに、わが国ではその需要を満たし得るだけの教育分析家もいないだろう。そこで、必要条件として、これを考えることはないが、各人は事情が許すなら、適当な分析家を見つけて教育分析を受けるのがよい。しかし、あまり若いときに受けるのは好ましくないと思われる。自分の「師」にあたる人を見出すのも、その人の才能のひとつと言えるだろう。

2　スーパーヴァイズ

心理療法が技法(art)を大切にするという点において、スーパーヴァイズはその訓練の中核にあると言っていいであろう。もちろん、心理療法に関する一般的知識や心得は身につけておかねばならないが、実際に個々の事例にあたってゆくと、そのときその場でその人に対して適切なことは何か、という点でいちいち考えてゆかねばならないのだから、一対一でそれを指導するスーパーヴァイザーが必要になってくるのである。

ここに「指導」などと書いてしまったが、実のところスーパーヴァイザーの機能はもっと広く、一言にしては言い難い。したがってわざわざ英語のままで使用しているのであるが、それがどのようなことであるかを次に述べる。スーパーヴァイズを「管理」と誤解されて、この制度をはじめて京都大学の臨床心理学教室で行おうとしたとき、大学院生たちのなかには「管理ハンタイ!」と気勢をあげるようなことさえあった。しかし、今ではそのような誤解はまったくなくなった。

スーパーヴァイザーの仕事として一番大切なことは、スーパーヴァイジーを「育てる」

ということであろう。その点で言えば、その仕事は心理療法の仕事と基本的に似通ってくる。直接的にはスーパーヴァイジー個人のことは扱わないので、それは明らかに心理療法とは異なるのであるが、相手の可能性の発現に期待していること、スーパーヴァイザーがヴァイジーの成長のための容器となろうとするところでは、心理療法の基本姿勢に通じるものがある。

この点を非常に強調する人は、心理療法家の訓練は、教育分析のみでスーパーヴァイズは無用だと言う人もある。治療者がクライエントとの間で「深い」関係をつくりあげてゆくように努力し、その密室空間のなかで可能性の発展のドラマが展開してゆくとするならば、そこにスーパーヴァイザーがかかわることは、その空間の密室性を破ることになるし、二人の関係を複雑にしてしまう。そのようなことをするよりも、治療者となる人を教育分析によって、一定の水準にまで引きあげておけば、後はむしろ、その治療者とクライエントとの関係にまかせておけばよい。治療者がもし自分の治療がうまくゆかないと感じたら、自分の成長をうながすための教育分析をもう一度受けるようにすればよい。このような説は、教育分析こそ訓練の中核で、スーパーヴァイズは不要または有害という考えである。

これも一応もっともと思うし、スーパーヴァイズということの問題点を指摘している点で傾聴すべきであるが、やや極端すぎる感じがする。スーパーヴァイザーが、スーパーヴアイジーとそのクライエントの関係の破壊者とならないようによく注意し、それを尊重する態度を失わぬ限り、スーパーヴァイズは大いに役立つものである。そして、最初に「育てる」ことを強調したが、スーパーヴァイザーに会いに行くことによって、困難なケースを継続してゆくための、エネルギーをもらうような感じを受ける。端的に言えば、「よし、やってゆこう」といった意欲を与えられる、と感じるのである。

スーパーヴァイザーのところに行くために、ヴァイジーが記録をとり、それについて語る、という事実そのことが、既に重要な意味をもっている。ヴァイジーはそこで自分の行為を「対象化」しつつ、またそれをそれなりの「物語」として語ることもしているのである。極端な場合、スーパーヴァイザーに毎回の面接について「語る」だけで、すべてがうまくゆくほどである。

スーパーヴァイザーは、もちろん教育者でなければならない。従って、いろいろと「教える」ことがあるのは事実であるが、何よりも、第四章の教育のところで述べたように、「育てる」面を十分にもっていないと駄目である。下手なスーパーヴァイザーほど、教えてばかりいる、と考えていいだろう。何か教えていると自分が熱心に役割を果たしているような錯覚が起こるが、ほんとうに考えてみると、それほど役に立つことを「教え」られるものではない。

スーパーヴァイザーの仕事はスポーツのコーチとよく似ている。選手ができもしない「正しい」ことを言っても、あまり意味がない。たとえば、野球のコーチが、「あんな球を打てないと駄目だ」とか、「右を狙って打て」とか言うのは、「正しい」ことであっても、その選手がそのときどのようにすれば打てるのか、その投手に対して右を狙うのにどうすればよいかなどを基本的に教えることができないと話にならない。あるいは、守備練習で絶対にとれそうもないノックばかりをして「しっかりしろ」と怒鳴ってみても、あまり効果がない。このようなことを繰り返すことは下手をすると、コーチと選手に格差(階級差)があることを強調するのにのみ役立って、選手の成長をはばむことにさえなってしまうのである。

日本人の特徴として、「厳しい」、「苦しい」練習ほど素晴らしいという固定観念があるように思う。これは一理あるわけで、日本の芸や道と言われているものは、自我を消滅させることによって、そこにユングの言うような意味の自己を感知させる、という方向をとってきた。そのためには、まず「型」からはいることが必要で、型を完成させるために自我を棄ててゆくと、自己が顕現してきたとき、その型は——古来からの知恵を反映して——自己の容器として適切なものであるために、そこにはじめて深い個性を伴った芸ができあがってくる。これはこれで素晴らしいひとつの方法が確立されている。

しかし、この方法を一歩誤ると、教える側は教えられる者を苦しめ、その自我を壊すことにのみ力をそそぐことになり、しかも、それが西洋のスポーツや芸術などの場合は、特に日本的な「型」を重視してできあがってきたものでないだけに、それは、あまり効果をあげないどころか、有害にすらなってくる。しかも、そこには教える者と教えられる者の差を絶対化してしまうだけに、悪くすると、妙な順位ができて上の者は下の者を苦しめるだけという類のヒエラルキーができあがってきてしまう。日本の家元式のシステムが悪く運用されると、このようになる。

心理療法の訓練において、スーパーヴァイズの制度がこのようなものにならないように注意する必要がある。もともと西洋でできたものを日本に輸入してくるのに際して、もとのままではうまくゆかないし、さりとて、無意識的に日本化してしまうときは、途方もない失敗をしてしまうことになる。日本化するべきだと言うのでもないし、日本化がいけない、と言うのでもない。しかし、なぜ、どのようにそれが行われているかについての意識化が必要なのである。

筆者がチューリッヒのユング研究所時代にスーパーヴァイズを受けていたときのエピソードを、これは既に他に発表したことがあるが、ここに示しておく。スーパーヴァイズについて、そして日本人が西洋ではじめられた心理療法を行うことについて、考えるのに役立つと思うからである。

ユング派の分析家としての訓練を受け、前期の試験をパスすると、クライエントに会うことができるようになり、スーパーヴァイズを受ける。スイス在住の日本人のクライエントに夢分析をすることになったが、それは順調にすすんでいた。「順調」ということは、クライエントにとっては苦しいことであるのだが、それに対する共感の不足していたこともあって、クライエントは無断欠席した。そこで次の週のいつもの時間に待っているから、という手紙を出したが、教科書どおりに、「時間をあけているので、よかったらきて下さい」と書きながら、これでは何だか別にこなくてもよろしいよ、という感じになるなと思った。しかし、「ぜひおいで下さい」などと書くと、クライエントは治療者がぜひにというのできた、とばかり依存的になってきて、自分の自主性を失ってしまうから、よくないというのが教科書の教えるところである。

次週にも待ったがこない。スーパーヴァイザーのところに行き報告をすると、スーパーヴァイザーは手紙の文面を聞き、日本で手紙を書いて人にきてほしいというときはそのような表現をするのか、と言う。確かに日本では「よかったらおいで下さい」では、きてもこなくともよい感じになる。しかし、教科書によればと筆者が一所懸命になって説明すると、スーパーヴァイザーはニヤリと笑って、「ところで、あなたの日本の魂はどこへいきましたか」と言った。

これには参ったが、同時に、スーパーヴァイザーとして実に適切な言い方だと思った。彼は別に日本流に「ぜひおいで下さい」と書くべきだなどとは言わなかった。もちろん、教科書どおりにせよというのではない。西洋の教科書の教えるところは確かに一理はある。しかし、日本人が日本人に対して心理療法を行うに際して、それをほんとうに生かすために「日本の魂」が要る。それを忘れては困る、というのであって、後は、日本人であるあなたが自分で考えなさいというのだ。

ここで、スーパーヴァイザーは「正しい答」を与えようとしていない。ヴァイジーが自分自身にとって正しい答を見出すために必要なこと――それをヴァイジーが見落していたこと――を指摘し、後は本人の考えと判断にゆだねようというのである。これは、スーパーヴァイザーの仕事として、なかなか見習うべきことと思ったし、その後、筆者が欧米で学んできた心理療法を日本にもち帰る上で、大いに役立つ示唆を与えられたと思ったのである。

スーパーヴァイズというのは、管理とか指導とは異なり、高等な知識や技法をもつという点のみならず、個々の場合において極めて臨機応変に対応する必要のあるときに、それを適切に援助してくれるものである。そして、そのような実際的場面での援助を通じて、本来的な教育も行われる。もちろん、スーパーヴァイザーの実力が低かったら話にならないが、以上のような点から考えて、心理療法においては、スーパーヴァイズを訓練のための不可欠の要素であると考えている。従ってわが国においても、心理療法家の養成のためのスーパーヴァイズ制は相当に急速に整えられつつある。

人間知を必要とし、個々の場合の差を重視しなくてはならない他の分野、たとえば、保育、看護、教育などにおいても、スーパーヴァイズ制を導入することを考えてはどうかと思うのだが、どうであろう。もちろん、これが管理の強化とは別物であることはよく理解してもらう必要があるが。

3 事例研究の意義

心理療法の研究において、事例研究は不可欠のものである。心理療法の研究はいろいろな方法によって行われるが、事例研究はそのなかでも特に有用なものであるが、従来の「科学」の方法論においてはあまり重要視されなかったものなので、その意義について少し述べておく必要があるであろう。

心理療法の研究も、最初は従来の「科学」の方法論によって行おうとした。たとえば、不登校という現象を研究しようとする場合、できる限り多くの不登校児を対象として、いろいろと調査を行い、そこに示された一般的傾向について発表する。たとえば、その結果、男子の方が女子より多いとか、都会の方が田舎より多いとかの結果を得る(現在はそれほどの差はなくなっているが)。その発表によって、不登校の全体像をある程度知ることができるが、さりとて、それは自分が治療者としてある特定の生徒に向き合ったときにどうするか、という点であまり役に立たないのである。

それでは事例の報告はどうか。ある先生が不登校の生徒に対して、「何をしているか」と怒鳴りつけると、その子は学校に行くようになった、という報告をする。それは役に立つだろうか。不登校の生徒のなかには、怒鳴りつければ登校する子がいるということがわかった、という意味で少しは役立つだろう。しかし、すべての不登校生に対して、その方法が有効ということはないので、ひとつの事例を聞いてもあまり役立たないのではないだろうか。

誰しもこのように考えるだろう。そこで、「普遍的」で「有用」な報告をすることが望ましいことは誰もわかっているのだが、それがないのである。つまり、人間は個々に異なる個性をもっていて、誰にも当てはまる方法など見つからない。もちろん、精神分析の考えによってとか、夢分析の方法を用いて、というような言い方をすると、大体において多くの人に当てはまるかもしれないが、大切なことは、個々の具体的なことなのである。「愛をもって」とか「一人一人の個性を大切に」などと言っても、ほとんど役に立たない。

そこで、個々の事例をできるだけ詳しく発表する事例研究ということが行われるようになった。それをはじめてみると、それが相当に「有用」であることがわかってきた。しかも、それはたとえば対人恐怖の事例を聞くと対人恐怖の治療にのみ役に立つのではなく、他の症例にも役立つのである。それは、男女とか年齢とか、治療者の学派の相違とかをこえて、それを聴いた人がすべて何らかの意味で「参考になる」と感じるのである。そういう意味で、それは「普遍的」と言えるのだ。ここにいう「普遍的」は、はじめに述べた「普遍的」とは異なることに気づかれるであろう。

なぜ、事例研究は「普遍的」な有用性をもつのであろうか。もちろん、すべての事例がそうなのではない。あまり役に立たないのもある。しかし、ひとつの例がどうしてそれほどの意味をもつのか。これについて筆者は次のように考えている。

第三章の「心理療法の科学性」について論じた際に明らかにしたように、心理療法は従来の「科学」とは異なるものである。臨床の知を築く上で極めて重要なことは、主体者の体験の重視であり、その「知」は内的体験をも含めたものなのである。従って、その「知」を伝えるときは、事実を事実として伝えるのみではなく、その事実に伴う内的体験を伝え、主体的な「動き」を相手に誘発する必要が生じてくるのである。
内的に生じた動機《ムーヴ》は、相手に伝わるとき、そのまま伝わることはないであろう。というのは、それぞれの人が個性をもつので、個性による差が生じるのは当然だからである。しかし、一人の人の心に生じた重要な動機《ムーヴ》が、他に伝わるとき、伝えられた人は自分のなかで、それを意味あるものとして捉え、それを未来へとつなげてゆくであろう。それは、その人のその後の生き方に影響を与えるはずである。もちろん、それは受手の個性によって少しずつの差はあろうが、それらに何らかの基本的な共通性のようなものも感じられるであろう。

　このように考えてくると、既に述べてきた「物語」を「語る」ことの重要性がよくわかるのである。事例報告は報告者が「語る」ところに大きい意味がある。それは物語なのである。といっても、その物語の素材は変更を許されない。そこには動かし難い事実がある。しかし、その事実を事実として伝えることにのみ意味があるのなら、その事実以外のことに対して、その報告は意味をもたないであろう。つまり、そこで報告されたクライエントと極めて類似した問題をもって類似した解決法が有効な人が現われたときにのみ意味があることになる。ところが、そうではなくて、優秀な事例報告が、そのような個々の事実をこえて、普遍的な意味をもつのは、それが「物語」として提供されており、その受手の内部にあらたな物語を呼び起こす動機《ムーヴ》を伝えてくれるからなのである。

もちろん、事例研究によって伝えられる事実が、事実としてそのまま有用なこともある。そのような個々の事実の集積から学ぶこともあるので、それは軽視できない。しかし、そのことの方に重点を置いて考えると、事例報告は単なる「一例の報告」に過ぎないことになってしまう。事実に加えて、内的体験に基づく臨床の知が伝達されることによって、個より普遍に至る道がひらかれるのである。

事例研究を行うにあたって、それが「物語」としての価値を有するような発表の形式があることに気づかれるであろう。それはあまり短い時間ではできない。物語るためには一時間前後の時間が必要であろう。そして、それは相当に具体的に詳しく語られねばならない。もちろんそれは事実に基づいているので、事実を曲げることは許されない。しかし、限られた時間にすべてを語ることはできないし、事実の「関係づけ」に、主体的なかかわりが関連してくる。しかも、それらを他の人々にわかるものとして提示し、体験を共有できるためには、それらのことを対象化して見る「目」を必要とする。

事例と報告者との距離が近すぎるときは、聴き手の方が苦しくなってくる。生木《なまき》を燃やすようなもので、煙ばかりでなかなか火が見えてこないのである。ある程度の乾燥度を必要とするのである。しかし、これは事例研究をいつ、誰とするかによって随分と違ってくるのではなかろうか。

少数の気心のわかった者が集まってクローズドの事例研究をするときは、「物語」を提示するよりも、素材と共に全員が格闘して、物語を生み出す努力をするようなことになるし、それは大いに意味あることである。これに比して、多くの人に対して、公的な場でするときは、その事例は報告者にとって、相当に「乾いた」ものになっている必要がある。ましてや、印刷して不特定多数の人の目に触れるというときには、相当な配慮をもってしなくてはならない。対象化の程度が相当にすすんでいなくてはならないのである。

事例研究といっても、大切なことはその対象が一人の生きた人間であり、しかもその人と深くかかわってこそ心理療法の過程を歩み切れたという事実なのである。それを「研究」として他に提示することは、非常に慎重にしなくてはならないのは当然である。絶対的な密室であることとの保証の上に成立したことを敢えて公開するには、それだけの意味があり、相手に対する責任も完全に明らかにされている必要がある。このような点で、事例の発表は一切行わないという人がいるのもうなずけるのである。筆者も実はもう二十年以上にわたって、事例の発表を公的には行なったことはない。

しかし、事例研究はする方にとっても、それを聴く方にとっても、訓練として実に高い価値を有することを考えると、これはどうしてもするべきことと思う。各人は自分の状況、クライエントの状況などをよくよく考え、いついかなるときにどのような事例研究をするかについて慎重に判断すべきである、と思われる。

事例研究においては、事実を事実として伝えるのみならず、内的体験の誘発ということが大きい役割をもつと述べた。しかし、考えてみると、単なる知識の伝達ではなく、人間を教育するというときには、このようなことが広い分野において、知らず知らずのうちに行われているのではなかろうか。書物によって知識を得る場合と、人から人へと知識が伝達されるときとを考えると、「教師」の人間性との関連によって、知識以上のものが伝わり、その人の考え方や生き方、学問そのものについても影響を与えていると思われる。もちろん、書物によっても、その書き方、読み方によって同様のことが生じるであろう。たとえば、歴史的な事実を知るということと、歴史をどう読むか、などということの差について考えると、後者の方は事例研究的報告によってこそ伝えられているのではないか、などと考えられるのである。

事例研究についてここに述べたことは、心理療法の領域をはるかにこえて、広い学問の範囲で、その教育の方法について、研究発表の方法について考え直すために役立つのではないか、とひそかに思っている。その点、教育学の稲垣忠彦は、学校の「授業」を事例研究的に研究することの意義を指摘して、それを行い成果をあげている。筆者も目下、そのグループに参加しているが、事例研究的研究の範囲の拡大のひとつとして重要なことと思っている(1)。

日本心理臨床学会は設立されて十年になるが(一九九二年現在)、筆者たちの事例研究重視の考えが受けいれられ、発表時間・討論時間をいれて、二時間〜三時間に及ぶような発表形式を用い、事例研究を中核として行なってきた。そして、これは極めて「有用」であることが会員全体より認められ現在に至っている。この方法を導入したことは非常によかったと筆者は思っている。このことは、この学会が急激に発展してきたことの一因であろうと思う。

事例研究においてクライエントのプライバシーを守ること、秘密を守ることなどについては言うまでもない。このことについては相当に厳格に守られるようになって嬉しく思っている。

4　心理療法家の成長

心理療法を行う上で、もっとも重要なのは「人間」としての治療者である。従って、治療者は常に自分の成長ということを心に留めておかねばならないし、またそのようなことを考えざるを得ないように、クライエントがし向けてくれる、と言っていいだろう。クライエントは心理療法家にとっての教師でもある。

治療者の人間としての在り方といっても、いわゆる「人格高潔」などという理想像をかかげるつもりはない。しかし、ユングの言っている「個性化の過程」ということは参考になるだろう。まず、この世に生きてゆくために必要な強さをもつ自我をつくりあげ、その自我が自分の無意識に対して開かれており、自我と無意識との対決と相互作用を通じて、自分の意識を拡大・強化してゆく。無意識の創造性に身をゆだねつつ生きることは、相当な苦しみを伴うものではあるが、それを回避せずに生きるのである。このことをクライエントに期待するのなら、治療者自身がその道を歩んでいなくては話にならない。

ただ、ここで注意を要することは、成長の過程ということを、一直線の段階的進歩のイメージのみで把握してはならない、ということである。成長を一直線の過程として見ることはわかりやすい。自分はどこまでできていて、それに比して誰はどのあたりであるのか、などと考える。それはともすると到達点の設定ということまで考えることになり、「到達した人」に対する限りない尊敬心を誘発したりする。時には「自己実現した」人などという表現に接して、驚いてしまう。ユングが個性化の過程として、過程であることを強調するのは、そこに「完了」ということはあり得ないと考えるからではなかろうか。

もちろん、成長の過程を、一直線のイメージで描くことは可能であり、それはある程度必要ではある。しかし、それがすべてと思うと、とんでもない誤りを犯すことになる。人間の成長を考える際に、直線のイメージだけではなく、円のイメージで把握することも大切だ。すべてははじめから、全体としてあり、成長するということは、その全き円をめぐることで、言うなれば同じことの繰り返しであったり、どこまでゆくやらわからなかったり、しかし、全き円の「様相」はそのときどきに変化してゆく。それは成長というより成熟という言葉で考える方がぴったりかもしれない過程である。

一直線の成長イメージで人を見るとき、人間は直線上に配列され、上下関係が明らかになる。治療者はクライエントよりも高い到達点にいて、後からくる人を指導する。果たしてそうだろうか。遊戯療法の過程で、われわれは子どもから教えられることがある。子どもの知恵がこちらよりはるかにまさっていることを実感することもある。心理療法家というのは、相手から学ぶことによって、相手の成長に貢献していることがよくある。このことは、単純な直線の成長モデルによっては理解し難い現象である。そして、そのようなことに心が開かれていることが、心理療法家には必要なのである。

ユングおよびユング派の人々も、多くの段階的成長のモデルを提供している。それらについて知っておくべきことは当然である。ユングは、影、アニマ(アニムス)、自己などの元型がある程度段階的に個性化の過程のなかに生じると述べているし、アニマイメージの変遷を四段階に分けて述べたりしている。このことは、ある程度の妥当性をもっている。しかし、たとえば、「影」のことがすべてリアライズされることなど、あり得ないのである。アニマについても同様である。

近代自我の発達の過程について、ユング派のエーリッヒ・ノイマンの述べている説は、実に見事である。われわれもそれをよく知っている必要があるし、それはクライエントのある時期の成長を考える上で役立つであろう。しかし、それは近代自我あるいは西洋人の自我を考える上で有用であろうが、現代人のすべてに当てはまることはない。そこには、他の道もあるはずである。筆者はそれに対して「女性の意識」ということを提示したが[2]、それも優劣を競うためではなく、このようなものもありますよ、と言いたいためなのである。直線的段階的成長を考えるにしろ、いろいろな筋道のあることも知っておかねばならない。

ここに例として述べた「女性の意識」ということも、多くの日本人のクライエントに接しつつ、自分自身の成長の過程についても考えてみた結果である。クライエントを通して自分自身を見ていることが常に必要であり、逆に、自分が成長すると共にクライエントも成長するとも言えるのである。そのようなことは、因果的に考えるよりは共時的に考えた方がよさそうである。第一章に述べた「雨降らし男」の姿が参考になるだろう。

治療者自身の成長を考えるときに、気になることに、日本人特有の「反省ぐせ」というのがある。事例研究の発表のときなど、「私の至らないせいで」とか、「私の力がなかったので」などと反省する人が時にあるが、日本人の反省は、反省することによってすべてが終ってしまうので困る。「すみません」で「すます」のだから困ってしまうのである。

素早く反省して「すます」前に、このクライエントに自分は何ができるのか、理解するために何をなすべきか、などなど少しでもできる努力をする。そのような徒労とも見える努力の重なりのなかで、成長ということが生じてくるのだ。心理療法家という職業を選ぶというのは、クライエントという人間のために努力を行なっている、そのことによってわれわれ自身が成長するということでもある。自分のことを変に反省するよりは、クライエントのことを考えることによって、自分の生き方がわかるところがある、と言える。

もちろん、そこには程度があり、自分がある程度のレベルに達していないのに、「クライエントのため」に考えてみても無意味である。筆者がチューリッヒで訓練を受けていたとき、何人かのクライエントを受けもち、二百五十時間以上の分析をすることが資格を得るための最低の条件となっていた。当時、日本人が分析をするなどといっても、果たしてクライエントがきてくれるかどうか心配であった。ところが、はじめるとクライエントが五人も集まったのである。喜んでいると、そのなかの四人がやめてしまった。二人は中断、後の二人は転勤など外的な事情であった。このことを非常に重大と思い、筆者は残る一人の人に事情を説明し、自分は未だ他人を分析する資格がないと思うので、しばらく待ってほしいと言い了承してもらった。

その後、しばらくは自分自身の分析に集中した。自分にとっても少しの発展があったかと思われる頃、待ってもらっていた人と再開した。すると不思議なことに、中断した人の一人が再開を申し込んでくるし、後は順調にすすんだのである。

人間の成長を考えるとき、心理療法以外にたくさんの道や方法があることは当然である。ほとんどの人は心理療法などと関係なく、成長の道を歩んでいる。それらのことを通じて学ぶことも、心理療法家にとっては必要である。文学や芸術や、いろいろなジャンルの名作に接することは、成長を助ける上で大いに役立つことである。それに有難いことに、クライエントのなかには、それらのことを話題にする人も多い。ただ、クライエントが話題にするためにそれらに接しようとすると、限りがないので、筆者は次のようにしている。

まず、その作品に触れることが、そのクライエントの理解に大切な鍵になると感じたときは、それをする。しかし、クライエントが十分に表現力をもっており関係が成立しているときは、必ずしもそうではなく、「それはどんなところが素晴らしいのですか」とか、

「どこが好きですか」などと訊き、それにクライエントが答えてくれることによって、作品の理解を通じてクライエント像が浮かびあがってくるようなときは、治療者はそれを聴いているだけでいいだろう。必ずしもその作品に自ら接する必要はない。

中学生や高校生などで表現力の少ないクライエントの場合は、彼らが「好き」というものにはできる限り、治療者もそれに接するとよい。マンガとかグループサウンズとか、若者文化に触れる機会がそんなところで生じてきたりする。あるいは、不思議なことに、やってくるクライエントが何人かたて続けに、同じ文学作品を話題にする、などということがある。そのようなときは、やはり自分にとっても意味があるのではないか、と考えて読んでみることもいいであろう。

ともかく、偉大な芸術作品というのは、心理療法家に勇気や希望を与えてくれる、というだけで、一種のスーパーヴァイザーの役割をしている、とでも言うことができるであろう。人間というものは、このようなことを可能にしていると思うと、また新しい可能性を信じてすすもうという気も起こってくるのである。心理療法の部屋で語られることは、一般的に言えば「暗い」話ばかりである。しかし、そのような闇のなかに光を見出すことこそ、多くの偉大な芸術家のしてきたことであり、その作品に接することによって、心理療法家としてのわれわれも、可能性に賭ける勇気を与えられる。そのような努力の積み重ねのなかに、心理療法家の成長も生じてくるのである。

注

（1）稲垣忠彦他『シリーズ　授業』1〜10、岩波書店、一九九一—九三年。

（2）河合隼雄『昔話と日本人の心』岩波書店、一九八二年、参照。

解説　心理療法は科学ではないが科学である

山田慶兒

物理学への手引が物理学者への手引であることはまずないだろう。河合さんの『心理療法序説』は、心理療法への手引であるのとほとんど同じくらい、あるいはそれ以上に、心理療法家への手引である。

「心理療法とは何か」というこの本の主題への回答は、すでにこの二重性のなかにふくまれているといってもよい。一人ひとりの心理療法家をはなれて心理療法はありえない。心理療法はレディーメードでもなければオーダーメードでもない。それがこの本の基本的な立場、というよりも心理療法にたいする基本的な理解であるからだ。

河合さんによれば、治療者とクライエントがそれぞれ全存在をもって向き合い、関係を深め、物語を創り出しながら、クライエントが自己実現してゆくのを治療者が手助けする、その全過程が心理療法なのだという。人間存在は二律背反《にりつはいはん》に満ちみちているから、この本のなかのあらゆる問いと答え、あらゆる言明もまた、二律背反に満ちみちたものとなるほかはない。心理療法は科学ではないが科学である。宗教ではないが宗教である。教育ではないが教育である。河合さんはすべてのドグマを排しようとするが、すべてのドグマを否定するというもうひとつのドグマにたいしては、ドグマもときには有効だと説く。

二律背反に満ちた言明をとおして、この本は読者に否応《いやおう》なく、おのれの心に向き合うことを迫る。おのれの心に向き合うことなしにクライエントの心に向き合うことはできない、という心理療法の本質的なありかたが、そのようにして一人ひとりの読者に開かれるのである。

読者が心理療法家なら、この本を読みすすみながら、河合さんのいわれる心理療法家としての「容量」がどれだけあるか、くりかえし考えこんでしまうのではあるまいか。そしてわたしなら、逆説的に響くかもしれないが、わたしが心理療法にまるで向いていないこと、心理療法はどうやらわたしには無縁の学問であるらしいということが、はじめの数章はおろか、最初の一章を読んだだけでわかってしまう。わたしにはどう見ても、クライエントと向き合う過程において必要とされるものが、いくつか欠けているのだ。

わたしは科学と技術の歴史、それも主として古代社会と伝統社会における歴史をやっている。対象も方法も心理療法とはまるで異なる。「無縁の学問であるらしい」と書いたが、「である」と断言していっこうに差し支えない。にもかかわらず、わたしは河合さんの本を読んで、心理療法にはわたしのやっている研究にも通じるある種の普遍性がある、と感じる。それはかたちにならない普遍性であり、河合さんのいわゆる事例研究の普遍的な意味とも深くかかわっている。わたしがいうのは、物語の創出ということである。

いかなる分野の研究であれ、すぐれた研究にはかならず物語を創り出すという過程がふくまれている。それが創造するということだ、とわたしは考える。

研究は問題を見つけることからはじまる。どのような問題を見つけるか。あるいは選ぶか、といってもよい。それは第一に、かならず具体的かつ特殊な問題でなければならない。抽象的、一般的な問題を選んではならない。しかし、あまりにも特異な孤立した問題は避けたほうがよい。具体的かつ特殊な問題でありながら、それを解くことが普遍的な研究の場(あるいは新しい研究領域)を開くことになるような問題である。

第二に、それは物語を創り出せる問題であるかどうかを見分けなければならない。どのような物語を創り出すかは、むろん研究者の「容量」にもかかわるが、やはり重要なのはその問題をつつみこんでいる資料の性質である。とりわけみずから物語を語りはじめるような資料であるかどうかを見定めておく。できれば物語を創りおえたとき、いいかえれば問題を解決したとき、そこから新たな物語がはじまるような問題を選ぶのが望ましい。

それではどうすればいま挙げた二つの条件を満たす問題を見つけることができるか。それにはふだんから、その学問の根底にまで掘り下げてものを考えるように、みずからを訓練してゆくほかはない。その学問分野全体にわたる広いパースペクティヴのなかで、自分がやろうとしていることの意味を捉えることができる、といってもよい。夜郎自大《やろうじだい》にもならず卑下《ひげ》畏縮《いしゅく》もせずにおのれを見据えるというのはたいへんむずかしいことだが(だれの心もその両者のあいだを揺れ動く)、それが結局は問題の発見を導くのである。

問題が見つかったときには、物語は一応できている。それはまだほんとうの物語ではない。いわば生きた物語にはなっていない。しかし、資料の分析をはじめるためには必要な物語である。その物語にしたがって集めた資料を分析し、足りない資料を手に入れる。根気のいる、単調な、長い過程である。事柄が一挙に進展したと感じるときもたまにはあるが、それは越えなければならないたくさんの山のひとつを越えたにすぎないことが、間もなくわかる。

はじめの物語がほとんどその筋書どおりに生きた物語となってゆくことはめったにない。ときには思いがけなく、予想もしなかった資料が見つかって、物語をすっかり書き換えなければならなくなる。一から勉強をはじめなければならないような事態が出現することさえある。

資料とじっくりつき合うということは、資料が語りかけてくるものに耳を傾けるということである。資料がみずから物語を語るようになればしめたものだ。こちらの物語と資料の物語との対話のなかから、すこしずつほんとうの物語ができあがってくる。といって、その過程が一直線に進んでゆくわけではない。それまでまったく無関係だと思っていた二つの資料がふいに結びついたり、問題の同じレヴェルに属すると考えていた資料群が実は複数の異なるレヴェルのものであることがわかったり、そのたびに物語はかたちを変えてゆく。はじめは脇役だったものが、物語の進行とともに正面に躍り出てきて、主役の座を要求しはじめることもある。

こちらの物語を無理に資料におしつける、あるいは同じことだが、こちらの物語に資料を引きずりこんでしまうと、かならずどこかで破綻《はたん》が生じる。物語が生きてこない。いいかえれば、物語がひとりでに歩き出してくれない。できあがってゆく物語のなかにどうしても落ち着いてくれない資料が一つか二つ残ることがある。それさえなければみごとな物語が書ける。たいした資料とも見えないから、なにか偶発的な例外として処理することに決めるが、そのくせ心のどこかにいつも刺《とげ》のようにひっかかっている。そういう場合はたいてい、ずっと後になって、その資料が部分的にしろ物語の大きな変更を迫るほど重要な意味をもっていたことがわかる。そういう資料に出会ったときは、そのときは対処できなくても、意識して心に留めておき、できればつぎの新しい物語のなかにはめこんでゆくのがよい。

資料にこちらの物語をおしつけても、資料が直接に反逆することはない。だが、反逆はもっと別のかたちをとって現れる。研究の成果を発表したときの批判者ないし論敵がそれだ。批判はしばしば見当はずれであったり、こちらの意図を誤解していたり、批判のための批判であったり、ときには敵意むきだしの故意の曲解や挙げ足取りであったりする。それを個人攻撃としてうけとめ、自己防衛につとめれば、なにも生まれてこない。しかし一歩退いて、それを資料の反逆と捉えるならば、もっとちがった局面が開けてくるだろう。

ある程度時間を置いてもういちど資料の分析全体を見直すと、物語をつくるとき、大事な資料を見落としていたり、資料の意味を読みちがえていたり、資料の読みがあまりにも浅かったり、資料を在るべきところにうまく位置づけることができないでいたりしていた箇所が、はっきり見えてくる。分析の終結を急ぐあまり、ほんとうの物語が見えてくるまえに、あるいはほんとうの物語を創り出すまえに、物語を閉じてしまっていたことがわかる。

ことわっておくが、わたしがここで「ほんとうの物語」というのは、「正しい物語」という意味ではない。そのとき研究者の創る物語と資料の語る物語がぴたりと一致している物語という意味である。唯一の正しい物語など、どこにも存在しない。

研究における問題の発見から解決にいたる過程を、物語の創出として捉えて記述すれば、いま書いたようなことになるだろう。この過程が河合さんによって描き出された心理療法にも共通すること、そこにある種の普遍性が存在することは、もはや明らかであろう。にもかかわらず、わたしが念頭に置いてきたような学問と心理療法とはやはり異なる。決定的に異なる。そのちがいはもちろん、心理療法の対象が生きた人間の全存在であり、その生きかたにかかわるというところから生じる。

そのちがいを数えあげてゆけばきりがないが、いまの主題についていえば、物語の創出の過程は、ほかの学問、いわゆる近代科学では、消されてしまうもの、研究の成果の陰に埋められてしまうもの、伝記作者以外はだれも関心をもたないものであるのにたいし、心理療法では、そのこと自体が心理療法だというところに、その決定的なちがいを見ることができる。

とはいえ、わたしたちが近代科学と呼ぶ学問も、はじめからそうだったのではない。ケプラーやガリレオのような近代科学を創り出した人びとの著作は、観測や実験の過程の物語、そうして得られたデータとの格闘の物語、度重なる失敗のすえについにたどりついた発見の物語、あるいは科学の方法にかんする、肉を斬らせて骨を斬る体の、論敵との激越きわまる論争の物語であり、それをとおして近代科学と呼ばれることになる知識の体系が、すこしずつかたちをなしながら、万人のまえに立ち現れてくるのである。近代科学が物語の創出の過程を消し去るのは、認識の方法と原理を確立し、かたちある普遍性を獲得して以後のことにすぎない。

心理療法はかたちなき普遍性にとどまりつづけるのだという。一人ひとりのクライエントと物語を創り出しつづけ、たえまない創造の過程に身を置きつづけるのだという。すごいことだとわたしは重ねて思う。

（科学技術史家）

（本稿は『河合隼雄を読む』一九九八年、講談社刊から、加筆修正のうえ転載しました）

〈心理療法〉コレクション　刊行によせて

本コレクションは、私の父であり、ユング心理学を日本で最初に本格的に紹介した河合隼雄の「心理療法」についての著作の主なものを、一般読者に手に取りやすい文庫という形で提供しようとするものである。二〇〇六年八月に突然倒れ、意識不明のままほぼ一年後の二〇〇七年七月に亡くなった父は、少なくとも意識的には何も死の準備などできなかった。生前の仕事の仕方からして、残念ながらほぼ何の遺稿も残っていない。残された仕事を出版するすべもないなかで、このコレクションの出版には追悼の意味もこめられている。

さて、本コレクションは、第一作である『ユング心理学入門』からはじまり、晩年の『心理療法入門』に至るまで、心理療法についての河合隼雄の考え方の変遷がたどれるものとなっている。『ユング心理学入門』では、西洋で学んだ心理療法を紹介する姿勢も見られ、同じく初期の『カウンセリングの実際』では、逆に体当たり的に行っている自身の心理療法の事例が載っているのが初々しい。著者独自の心理療法の理解ややり方は、六三歳で京都大学を定年で退いた時に書かれた『心理療法序説』になると、もっと自覚されていくことになるが、初期のものにも既に現れているとも言えよう。

心理療法というのは、いくらセラピストががんばってもクライエントという他者によっている。ユング派の特徴でもあろうが、父河合隼雄の心理療法論は、常に他の学問との対話や、様々なコンテクストという他者に照らして展開されていることが多い。それは『生と死の接点』におけるような文化人類学や宗教学の知見であり、また『ユング心理学と仏教』における仏教の教えである。またある種対極をなすことが多いながら、科学性ということも、常に意識されていたことがわかるのである。最後の『心理療法入門』は、イメージ、身体性、イニシエーション、物語など、様々な他者との関連で心理療法を捉えた全八巻から成る、『講座心理療法』というシリーズでの巻頭の概説を集めたものなので、体系化はされていないものの、様々なコンテクストで心理療法を捉えていこうという姿勢は貫かれていると言えよう。

心理療法に関する著者の仕事としては、既に文庫化されていたり、一冊に編集しにくかったりするものが含まれていないので、必ずしも全てを網羅したものではない。しかしながら一般読者からすると、通読すると河合隼雄の心理療法に対する考え方のエッセンスがわかるコレクションであると言えよう。

版権の承諾に関しては、培風館と誠信書房にご理解をいただき、感謝している。本コレクションにおける『ユング心理学入門』と『カウンセリングの実際』(『カウンセリングの実際問題』というタイトルで誠信書房より刊行)は抜粋であり、より専門的に知りたい人には、是非とも培風館と誠信書房から出ている完全版をお薦めしたい。また多忙にもかかわらず各巻の解説を快く引き受けていただいた先生がた、それに企画から様々なチェックまでお世話になった岩波書店の中西沢子さんに、こころから感謝したい。

二〇〇九年三月末日

河合俊雄

本書は一九九二年二月、岩波書店より刊行され、その後、『河合隼雄著作集3 心理療法』(一九九四年九月、岩波書店)に収録された。底本には、著作集版を使用した。

〈心理療法〉コレクションⅣ
心理療法序説

2009年11月13日　第1刷発行
2024年12月16日　第8刷発行

著　者　河合隼雄《かわいはやお》

編　者　河合俊雄《かわいとしお》

発行者　坂本政謙

発行所　株式会社 岩波書店
〒101-8002 東京都千代田区一ツ橋2-5-5

案内 03-5210-4000　営業部 03-5210-4111
https://www.iwanami.co.jp/

印刷・精興社　製本・中永製本

ISBN 978-4-00-600223-7　Printed in Japan

岩波現代文庫創刊二〇年に際して

二一世紀が始まってからすでに二〇年が経とうとしています。この間のグローバル化の急激な進行は世界のあり方を大きく変えました。世界規模で経済や情報の結びつきが強まるとともに、国境を越えた人の移動は日常の光景となり、今やどこに住んでいても、私たちの暮らしは世界中の様々な出来事と無関係ではいられません。しかし、グローバル化の中で否応なくもたらされる「他者」との出会いや交流は、新たな文化や価値観だけではなく、摩擦や衝突、そしてしばしば憎悪までをも生み出しています。グローバル化にともなう副作用は、その恩恵を遥かにこえていると言わざるを得ません。

今私たちに求められているのは、国内、国外にかかわらず、異なる歴史や経験、文化を持つ「他者」と向き合い、よりよい関係を結び直してゆくための想像力、構想力ではないでしょうか。

新世紀の到来を目前にした二〇〇〇年一月に創刊された岩波現代文庫は、この二〇年を通して、哲学や歴史、経済、自然科学から、小説やエッセイ、ルポルタージュにいたるまで幅広いジャンルの書目を刊行してきました。一〇〇〇点を超える書目には、人類が直面してきた様々な課題と、試行錯誤の営みが刻まれています。読書を通した過去の「他者」との出会いから得られる知識や経験は、私たちがよりよい社会を作り上げてゆくために大きな示唆を与えてくれるはずです。

一冊の本が世界を変える大きな力を持つことを信じ、岩波現代文庫はこれからもさらなるラインナップの充実をめざしてゆきます。

（二〇二〇年一月）

岩波現代文庫[学術]

G477
シモーヌ・ヴェイユ
冨原眞弓

その三四年の生涯は「地表に蔓延する不幸」との闘いであった。比類なき誠実さと清冽な思索の全貌を描く、ヴェイユ研究の決定版。

G478
フェミニズム
竹村和子

最良のフェミニズム入門であり、男／女のカテゴリーを徹底的に問う名著を文庫化。性差の虚構性を暴き、身体から未来を展望する。〈解説〉岡野八代

G479
増補 総力戦体制と「福祉国家」
—戦時期日本の「社会改革」構想—
高岡裕之

戦後「福祉国家」とは全く異なる総力戦体制＝「福祉国家」の姿を、厚生省設立等の「戦時社会政策」の検証を通して浮び上らせる。

G480-481
経済大国興亡史 1500-1990(上・下)
チャールズ・P・キンドルバーガー
中島健二訳

繁栄を極めた大国がなぜ衰退するのか——国際経済学・比較経済史の碩学が、五〇〇年にわたる世界経済を描いた。〈解説〉岩本武和

G482
増補 平清盛 福原の夢
髙橋昌明

『平家物語』以来「悪逆無道」とされてきた清盛の、「歴史と王家への果敢な挑戦者」としての姿を浮き彫りにし、最初の武家政権「六波羅幕府」のヴィジョンを打ち出す。

2024.12

岩波現代文庫[学術]

G483-484

焼跡からのデモクラシー(上・下)

—草の根の占領期体験—

吉見義明

戦後民主主義は与えられたものではなく、戦争を支えた民衆が過酷な体験と伝統的価値観をもとに自ら獲得したことを明らかにする。

2024. 12